Marina Hirt

WENN LEBEN DEN TOD UMARMT

STERBEBEGLEITUNG BEI TIEREN

Widmung

All jenen gewidmet, die gleichermaßen
mit Verstand und Herz zu lesen vermögen.

Marina Hirt

WENN LEBEN DEN TOD UMARMT

Sterbebegleitung bei Tieren

MICHAELS VERLAG

MARINA HIRT
»WENN LEBEN DEN TOD UMARMT –
STERBEBEGLEITUNG BEI TIEREN«

Bibliografische Information der Deutschen Nationalbibliothek:
Die Deutsche Nationalbibliothek verzeichnet diese Publikation in der Deutschen
Nationalbibliografie; detaillierte bibliografische Daten sind im Internet über dnb.
ddb.de abrufbar.

Coverfoto: Marina Hirt
Coverdesign: Mirjam Schuster
Satz: Beringer Books · www.beringer-ebooks.de
Druck: AALEXX Buchproduktion GmbH

ISBN 978-3-89539-899-5
1. Auflage, Sept. 2011

Besuchen Sie unsere Website: **www.michaelsverlag.de**

Und läuten die Kirchenglocken, halte ich den Kopf schief,
blicke zum Himmel empor und lausche …

Dank an meine Mutter, die mich gelehrt hat die Schöpfung zu ehren.

Dank an meinen Bruder für die Unterstützung in allen Lebenslagen.

Dank an Thomas für seine Kritik, Zuspruch und Begleitung.

Dank an alle – hüben und drüben!

VORWORT

Sie halten ein Buch in den Händen, in dem eine außergewöhnliche Tier-Menschen-Geschichte erzählt wird. Sie finden hier zunächst eine Vielzahl lustiger Begebenheiten aus der Welt von Hund und Mensch. Dieser Spaß sei Ihnen gegönnt.

Jedoch lassen Sie sich nicht von der reinen Oberfläche täuschen. Es geht um weitaus mehr als das. Im Laufe des Lesens tauchen Sie in die ernsteren Gefilde dieser Menschen-Tier-Verbindungen ein. Es ist mir ein Anliegen, meine tief gehenden Erfahrungen mit Ihnen zu teilen. Diese mit meiner ganzen Seele gefüllten Seiten handeln von der Würde des Menschen und des Tieres auf seinem Weg in den Tod. Dieses Buch berichtet nicht allein vom Leben, sondern ebenso vom Sterben und wie wir auf alternative Weise würdevoll damit umgehen können, wenn die Lebenszeit unserer Tiere zu Ende geht.

Wie wir in der Menschenwelt mit dem Sterben umgehen, habe ich in der Vergangenheit durch meine zeitweilige Mitarbeit in einem Hospiz erfahren. Auch das Sterben in unseren herkömmlichen Krankenhäusern ist mir nicht fremd geblieben. Ich habe in der eigenen Familie aber ebenso miterlebt, wie meine Großmutter zu Hause in Frieden diese Welt verlassen durfte.

Um sich auf das Thema dieses Buches einstimmen zu können, ist es wertvoll einmal über den Begriff der Würde nachzusinnen. Menschen haben über Jahrhunderte hinweg mithilfe der großen Philosophen von Cicero über Aristoteles bis Kant diesen Begriff immer wieder neu definiert und weiterentwickelt. Traditionell bedingt wurden dabei die Tiere nicht mit einbezogen, da man dem Grundgedanken folgte, dass ein Tier, anders als der Mensch, keinem Selbstzweck diente. Ein Tier existierte ausschließlich zu dem Zweck, vom Menschen ausgebeutet zu werden.

Von der Würde des Menschen spricht man im westlichen Kulturkreis in der allgemeinen Erklärung der Menschenrechte vom 10.12.1948 in folgendem Wortlaut: »Laut Artikel 1 der allgemeinen Erklärung sind alle Menschen frei und gleich an Würde und Rechten geboren. Sie sind mit Vernunft und Gewissen begabt und sollen sich im Geiste der Brüderlichkeit begegnen.«

Tja, lieber Leser, ich ahne, was Sie jetzt denken könnten. Sie denken möglicherweise: »Wären die Menschen mal immer so vernünftig und mit einem Gewissen begabt.« Die Realität sieht ja meist anders aus. Wir haben immer schon dazu geneigt, einiges gleicher zu sehen als anderes. Auch mit der Würde und den gleichen Rechten nehmen wir es oft nicht so genau. Ich erspare uns hier zahlreiche historische Beispiele zu nennen. Darüber wurde von anderer Seite häufig publiziert. Warum die Menschen glauben, eine angeborene Würde zu besitzen? Wir behaupten einfach, dass wir vernunftbegabte Wesen seien. Ein Tier ist nach unserer Vorstellung nicht vernünftig und deshalb hat es auch nicht das gleiche Recht auf Würde, wie der Mensch. Ich erinnere hier daran: So haben die Eroberervölker auch mal über die Ureinwohner Amerikas gedacht. Finden wir in einer solchen Argumentation einen Hinweis auf Vernunft? Die Würde wird den Tieren also per Gesetz schon einmal nicht zugestanden. Aus diesem Kontext heraus wird die nächste Überlegung aber besonders spannend. Beim Thema Sterben dreht sich der menschliche Würdebegriff nun vollkommen um. Haustiere werden in der Regel per Giftspritze von ihrem Leiden erlöst. Häufig geschieht dies mit der Argumentation, das Tier in Würde sterben zu lassen. Dem Menschen jedoch wird diese angeblich würdevolle Handlung hier nicht zugestanden. Er darf selbst dann nicht aktive Sterbehilfe erfahren, wenn es seinem eigenen Wunsch entspricht. In diesem Zusammenhang also behandeln wir das angeblich von Geburt an würdevolle Wesen Mensch anscheinend würdelos, denn Tiere werden ja zum Erhalt ihrer Würde von ihrem Leiden aktiv erlöst. Es drängt sich der Gedanke auf, dass wir es uns mit dem Begriff der Würde im Alltag nicht nur leicht machen, sondern ihn auch je nach Gusto brechen und biegen. Dabei sind die historischen Hintergründe, wie die Gräueltaten der NS-Zeit, derentwegen wir u. a. die aktive Sterbehilfe in Deutschland nicht zulassen können, in meinen Überlegungen außen vor zu lassen. Denn es geht mir in keiner Weise darum, ein Sterbehilfeplädoyer für den Menschen zu halten.

Im Gegenteil – eingebettet in meine wundersamen Erfahrungen, die ich auf dem natürlichen Sterbeweg meines Hundes OHNE Giftspritze gemacht habe, ist es meine Absicht, ein Plädoyer für die Haustiere zu halten, wenn möglich ihren eigenen Sterbeweg gehen zu dürfen, so wie es bei den Menschen in einem Hospiz ebenso der Fall ist.

Mir wurde im Vorfeld an verschiedenen Stellen mitgeteilt, dass die so liebevoll bezeichnete »Einschläferung« von Tieren in Anlehnung an die Natur geschehe, da beispielsweise der kranke, alte Hund dort längst schon sein Ende gefunden hätte.

Sie können sich ja einmal die Frage stellen, ob es wirklich wahrscheinlich ist, dass alle wilden Tiere immer gleich die Erlösung durch den Biss eines anderen Tieres geschenkt bekommen, oder ob es wahrscheinlicher ist, dass eine ganze Menge von ihnen an irgendeinem Ort aus eigenen Stücken dahinscheiden.

Wir kennen durch Sterbeforscher und alle diejenigen, die vor dem Sterben nicht versuchen reiß aus zu nehmen beim Menschen die verschiedenen Phasen des Sterbeprozesses. Lässt man mit entsprechender pflegerischer Begleitung ein Tier den in meinen Augen natürlichen Sterbeweg gehen, findet man die gleichen Phasen wieder.

Vielleicht haben Sie einmal den Raum darüber nachzudenken, warum die Natur diese Sterbephasen eigentlich so eingerichtet hat, wie sie sind. Wir Menschen sind mittlerweile, wenn wir uns anstrengen, so vernünftig erkennen zu können, dass die Natur auf wundersame Weise funktioniert und ein bestimmtes für die Wesen in ihr bedeutsames Ziel verfolgt. Wenn die Möglichkeit besteht, die verschiedenen Sterbephasen zu durchleben, haben wir die Chance genau das erfahrbar zu machen.

Falls ich Sie mit meinen Worten nun nicht allzu sehr verschreckt habe, wünsche ich Ihnen Freude an der lustigen, melancholischen und wundersamen, wahren Geschichte in diesem Buch und, dass Sie vielleicht neue Fragen stellen, was den Umgang mit unseren geliebten, tierischen Begleitern angeht, die nach meiner Erfahrung oftmals und besonders im Sterben unsere Lehrer sein können.

Lassen Sie mich das Vorwort dieses Buches schließen mit den Worten eines großen Menschenlehrers Peter Ustinov: »Ich weiß, warum es die Tiere gibt – sie wollen uns lehren menschlich zu werden!«

WENN LEBEN DEN TOD UMARMT

Die Geschichte begann eigentlich bereits vor der Geschichte und ist symbolhaft für alles, was ich hier versuche zu beschreiben. 1993 hatte ich bei einem Nachmittagsschläfchen einen außergewöhnlich intensiven Traum. Ich sah einen Schlittenhund, der ein schwarz-weiß gefleckter Rüde war und nicht die für die meisten Schlittenhunde übliche Maske im Gesicht trug. Dieser Hund hatte ein weißes Gesicht mit einer schwarzen Zeichnung, die an einen merkwürdig anmutenden, witzigen Seitenscheitel erinnerte. Im Traum war der Husky circa sechs Monate alt und sprang mir freudig entgegen. Nie zuvor hatte ich in Wirklichkeit einen solchen Hund gesehen.

Obwohl ich bereits in jungen Jahren Huskies als ganz besonders anziehend empfand, wäre ich nie auf die Idee gekommen, einen Schlittenhund zu erwerben. Ich war ein typisches Stadtkind. Solche Hunde gehörten in meinen Augen auf ein großes Grundstück, umgeben von viel Wald, damit der ungeheure Laufdrang dieser Tiere befriedigt werden kann. Somit maß ich diesem Traum keinerlei Bedeutung zu. Vergessen habe ich ihn jedoch nie, da er so außergewöhnlich real erschien. Zwei Jahre nach dieser Begebenheit ereignete sich dann Folgendes:

Wie jeden Morgen saß ich am Schreibtisch in meinem Büro einer Versicherungsgesellschaft. Gegen Mittag öffnete sich die Tür und eine Kollegin erzählte mir von einem Husky. Er gehörte dem Hausmeister der Versicherung. Der wollte das Tier abgeben, da der Hund heulte, wenn man ihn alleine ließ. Ganz besonders kam der musikalische Schlittenhund auch in Fahrt, wenn die Glocken einer benachbarten Kirche zu läuten anfingen. Niemand wollte bisher einen solch komplizierten Zeitgenossen aufnehmen. Schließlich sagte der Hausmeister: »Wenn ich in den nächsten Tagen niemanden finde, der ihm ein neues Zuhause gibt, landet er im Tierheim.« Meine Kollegin empfand die Vorstellung von einem Tierheim als ganz schrecklich und fragte nun mich, ob ich mir den Hund mal ansehen wollte. Daraufhin setzte mein Großhirn aus und ich hörte mich nur sagen: »Ja, mach ich.«

Am Abend des gleichen Tages verabredeten wir uns mit dem Hausmeister im Gartenbereich der Versicherung, um den Husky zu treffen. Mir kam ein sechsmonatiger, schwarz–weiß gefleckter Huskyrüde mit merkwürdigem Seitenscheitel entgegengelaufen. Augenblicklich schloss ich ihn in meine Arme und in mein Herz, ohne nachzudenken, – einfach nur so. Es war der Hund, von dem ich zwei Jahre zuvor geträumt hatte. Das war für mich ein Zeichen, dass wir beide zusammengehörten und mögliche Probleme schon meistern würden.

Sam und ich lebten nun bereits Jahre zusammen. Kein Heulen, wenn ich ihn alleine lassen musste. Er vertraute mir blindlings und niemand konnte sich zwischen uns stellen. Selbst einen aggressiven, menschlichen Zeitgenossen, dem wir mal bei einem Spaziergang begegneten, schlug Sam in die Flucht. Er hätte mich bis auf's Blut verteidigt, obwohl er sonst ein sehr harmoniebedürftiger, freundlicher Hund war.

Die Jahre vergingen so schnell, doch sie waren intensiv, lustig, harmonisch, aufregend und liebevoll. Niemals war er krank in dieser Zeit. Am meisten liebte er Schokolade. Trotzdem er die auch bekam, ereilten ihn keine Zahnprobleme. Schokolade, in Maßen genossen, machte ihn glücklich und nicht dick. Er war bis ins hohe Alter eine Schönheit von

einem Rüden, dem man die Jahre nicht ansah. Jeden Morgen blickte ich in die stahlblauen Augen meines geliebten Hundes, immer in dem Bewusstsein, dass auch unsere Zeit enden würde. Und weil ich mir über die Endlichkeit im Klaren war, wurde das Leben mit ihm doppelt so intensiv.

Ein Jahr, nachdem Sam zu mir fand, lernte ich meinen späteren Ehemann kennen. 2003 kauften wir uns ein Haus in der Eifel und umzäumten das dreitausend Quadratmeter große Grundstück, damit Sam ein ihm angemessenes Territorium hatte. Ich erinnere mich noch genau, welch eine Arbeit es war diesen Zaun zu errichten. Damals schrieb ich meiner Schwester in einer E-Mail: »Habe gerade die erste Gartenzaun-Anstreich-Orgie hinter mich gebracht. Jetzt muss ich warten, bis die Vorderseiten getrocknet sind. Dann kommt der liebste Moment, wenn es gilt, diese schweren Monsterbabys umzudrehen, damit ich sie von der anderen Seite bearbeiten kann. Bin froh, dass mich keiner bei der Umdrehaktion sieht. Das muss ein mitleiderregender Anblick sein, wenn ich ächzend und stöhnend in die morschen Knie sinke und mir dunkelste Schimpfworte wiederholt aus der Mundöffnung entfleuchen. Aber so ist das wahre Leben manchmal. Außerdem stinke ich nach

Farbe und bin schon irgendwie ganz high von dem Zeug. Manchmal komme ich auch in einen kleinen Gedankenaustausch mit mir selbst, während ich den Pinsel schwinge. Dann frage ich mich: »Warum machst du eigentlich diesen ganzen Kram? Könntest auch gemütlich im Liegestuhl sitzen und dich besaufen.« Wenn ich mich mit solchen Fragestellungen beschäftige, fällt mein Blick auf diesen Fellbeutel mit Namen Sam. Dann erinnere ich mich daran, dass wir diesen Zaun-horror nur für ihn machen. Der Hund schaut mir bei der Arbeit zu und sieht so aus, als ob er ebenfalls mit sich selbst in einen Dialog getreten sei. Er scheint sich zu fragen: »Warum liegt die Mama nicht gemüt-lich auf einer Liege und besäuft sich? Stattdessen macht sie Dinge, die kein Hund versteht und stöhnt, und schimpft vor sich her. Außerdem stinkt sie nach dem Zeug, das sie auf irgendwelche Stöckchen schmiert. Könnte mir die Stöckchen doch stattdessen zuwerfen und wir spielen damit ‚Beutetiervernichten‘. Das wäre auch nicht so langweilig.«

»Siehst Du, liebe Schwester, dass mit den Hunden ist wie mit den Menschen. Wir kapieren auch oft nicht, warum etwas ist, wie es ist. Sam kann nicht mit mir spielen und ich kann mich nicht besaufen, weil ein größeres Ziel auf uns wartet. Sam weiß das noch nicht – ich in diesem Fall schon. Nicht mehr so lange, dann ist er ein Grundstücks-freigänger nach zehnjähriger Gefangenschaft an der Leine. Wie oft im Leben sind wir Menschen so blöd und ahnen auch nicht, was noch auf uns wartet. Und nach einer gewissen Zeit der Einschränkungen folgt dann doch die Freiheit.«

Nach all der Mühsal also konnte Sam endlich fernab der zubetonier-ten Stadt frei sein inmitten der Natur. Er liebte es seine Kontrollgänge auf dem Grundstück zu vollziehen oder einfach nur ausgelassen durch den Garten zu galoppieren und seinem hochverehrten Bällchen nach-zujagen.

Im Frühjahr 2007 dachte ich das erste Mal darüber nach, ob Sam sich freuen würde, wenn ein Huskyweibchen zu uns stoßen würde. Ich war mir unsicher, denn Sam war nun mal ein sehr verwöhnter Fellmann, der es als selbstverständlich erachtete, dass sein Frauchen nur für ihn da war. Ich entschied herauszufinden, ob meine Idee von einem Huskymädchen, ebenso wie bei meinem Sam, einer Bestimmung folgte, fühlte in mein Herz und bat um ein Zeichen von oben. Eines Tages war da dieser plötzliche Impuls, in das Internet zu schauen. Ich sagte leise zu mir: »Wenn ich das Internet aufrufe und der erste Husky, der dort von mir gesehen wird, genauso ungewöhnlich aussieht wie mein Hund – wenn es sich um ein Weibchen handelt, welches auch noch im fortgeschrittenen Alter ist und ebenso wie Sam unkastriert, darüber hinaus auch noch nicht in andere Hände vergeben, dann werde ich diese außergewöhnliche Sache als Bestimmung ansehen und nicht zögern, diesen Hund zu uns zu holen. Mein Atem setzte kurzfristig aus, als ich die Internetseiten für Hunde aufgerufen hatte, denn ich sah nun das äußerliche Spiegelbild meines Hundes Sam. Ihr Name war Tara – hatte also das absolut gleiche Aussehen wie Sam. Nur ihr witziger Seitenscheitel im Gesicht war auf der entgegengesetzten Seite. Natürlich war sie nicht kastriert – bereits sieben Jahre alt. Als ich die damaligen Besitzer anrief, wunderte es mich auch nicht mehr, dass Tara (das bedeutet u. a. Lehrerin der Weisheit) scheinbar nur auf unseren

Anruf wartete. Niemand sonst hatte sich bis dahin ernsthaft um sie beworben. Das hatte auch einen guten Grund. Sie war eine Streunerin, die sich magisch vom Duft lebender Hühner im Nachbarort angezogen fühlte und dieselbige mit Mordanschlägen malträtierte. Kein Zaun war vor ihr sicher. Abgesehen von diesen Mätzchen war sie ausgezeichnet erzogen und hörte aufs Wort. Die Wiedergutmachungszahlungen an die von Hühnern dezimierte Nachbarschaft machte den von Geldsegnungen weitestgehend verschonten Besitzern jedoch mehr und mehr Luftlöcher in den Geldbeutel. Außerdem hatten sie gerade Menschennachwuchs bekommen. Die Hundehaare, welche in Form von Windhosen durch das Haus wehten, taten ihr Übriges, um zu dem Entschluss zu kommen, einen neuen Besitzer für Tara zu suchen.

Nun begaben mein Mann Thomas, Sam und ich uns also auf den Weg nach Rheinland-Pfalz, um Tara persönlich kennenzulernen. Es war Liebe auf den ersten Blick für meinen Sam und auch für uns. Die Hunde begrüßten sich ausgiebig und waren zunächst ein Herz und eine Seele. Eine Woche später befand sich Tara dann bei uns. Bereits am ersten Abend begann dann das Abenteuer Tara und uns wurde schnell klar, welches Kaliber wir hier vor uns hatten. Vor den gutmütigen, unschuldigen Augen meines Hundes Sam, schaffte sie es spielend, schon am Abend ihrer Ankunft einer einsamen Blindschleiche den Garaus zu machen. Madame, diese kleine Killermaschine, zeigte Sam, was man damit anstellen konnte. Am Ende fand man zwei Hälften der einsamen Blindschleiche im Gras. Tara fühlte sich dabei hervorragend – die Blindschleiche vermutlich weniger. Sam schaute dem Treiben in unserem Garten zu und schien zu ahnen, dass sein Weibchen von einem ganz anderen Schlag war, als er selbst. Nachdem wir uns von dieser Blindschleichen-Mordgeschichte einigermaßen erholt hatten, unternahmen wir noch am späteren Abend den ersten gemeinsamen Spaziergang mit unserem Neuzugang. Noch war ich sicher, mehr als einen Mord am Tag, war auch Tara nicht fähig zu begehen. Doch es kam anders. Wir gingen also gemächlich unsere Hauseinfahrt hinauf. Plötzlich machte Tara einen Satz, bei dem sie das Aussehen und die Sprungkraft eines Gummiballs entwickelte. Sie landete zielsicher im

Gebüsch neben der Einfahrt, indem sich eine unschuldige, fette Kröte verschanzt hatte. Deren fettes Leben endete somit im Sekundentod. Als ich Tara schimpfte und wohl wissend, dass sie unter anderem auch der deutschen Sprache mächtig war, ließ sie den Frosch fallen. Sam staunte, dass er zeit seines Lebens nie auf die Idee gekommen war, sich das Gebüsch unserer Einfahrt mal von innen anzuschauen. Doch Sam schien durch Tara noch ein gewaltiges Lernpotenzial zu entwickeln. Denn, als wir vom Abendspaziergang die Einfahrt wieder herunter-gingen, wurde auch er zum Gummiball und schnappte sich doch tat-sächlich ebenfalls einen Frosch.

Etwa eine Stunde nach diesem Adrenalinschock kam es Sam in den Sinn mir seine Zuneigung zu zeigen und sprang an mir hoch. Danach folgte ein für ihn einschneidendes Erlebnis, welches seine bis dahin unübersehbare Zuneigung Tara gegenüber mehr als infrage stellte. Als er an mir hochsprang, erdreistete Tara sich wiederum an ihm hoch-zuspringen und mit den Vorderbeinchen zu umklammern. Das war zu viel – so etwas kann man als anständiger Huskyrüde nicht durchge-hen lassen. Er jagte Tara nun über das ganze Grundstück, um ihr zu zeigen, dass er der Herr im Hause ist. Bereits hier drängte sich mir die Vermutung auf, dass unser Mädchen nicht sonderlich viel Respekt vor einem männlichen Wesen hatte. Hakenschlagend und keck rannte sie vor ihm her, als mache es ihr Spaß den alten Herren mal richtig aufzu-mischen. Die erste Nacht verbrachten die beiden dann wieder friedlich, jedoch lag Sam auf Taras und Tara auf Sams Deckchen. Allein diese Tatsache wies darauf hin, dass in nächster Zeit ein Kampf Machotum gegen geballte Ladung Frauenpower entfachen würde.

In den Tagen danach registrierte ich dann schnell, dass es drei Dinge im Leben gab, die Tara ganz besonders liebte – nämlich essen und essen und essen. Ach ja, Rückenmassagen waren auch noch recht beliebt. Mein Bruder war dabei ihr bevorzugtes Opfer. Immer, wenn er damit aufhören wollte, warf sie ihren Kopf in den Nacken und schaute ihn bittend an. Dies konnte sie so charmant, dass mein Bruder ihr wehrlos ausgeliefert war. Glauben Sie mir, es waren sehr lange Massagen.

Wie wir bereits befürchtet hatten, entbrannte nun in der ersten

Woche, nachdem Tara bei uns ein neues Zuhause gefunden hatte, ein Machtkampf um die Vormachtstellung in unserem Rudel. Sam, der Patriarch und Obermacho, gegen die geballte Ladung Matriarchat, welches seinen Ausdruck im Namen Tara wiederfand. Sam, der wegen zwölfjährigen Verwöhntwerdens die Welt nicht mehr verstand und die charmante Tara, die sich ausgerechnet seine Mama als ihre neue Königin auserwählt hatte, mutierten also zum Streithahn beziehungsweise Streithuhn. Sam befürchtete seiner langjährigen Stellung als Prinz verlustig zu werden und das wegen so eines dahergelaufenen Weibes! Tara hingegen steckte unseren Prinzen tausendmal in die Tasche. Die pfiffige Dame erwartete deshalb von mir, dass sie aufgrund ihrer Überlegenheit in den Stand eines Beta-Wolfes erhoben würde. Weitestgehend hielt ich mich jedoch, wie es ein Alphawolf zu tun pflegt, aus diesen Scharmützeln heraus. Zurzeit redeten sie also recht wenig miteinander, geschweige denn spielen. Für beide Kontrahenten war es nicht nachvollziehbar, dass ich nicht eindeutig anzeigte, wer von ihnen der Höherrangige war. Tara stellte sich als sehr klug heraus, da sie genau mitbekam, dass ich körperliche Attacken auf etwas weniger intelligente Hunde verachtete. Sie duldete Sam an ihrer Seite, jedoch mit Blicken,

die kaum zu beschreiben sind. Welcher weltfremde Wissenschaftler hat eigentlich irgendwann mal behauptet, man könne einem Hund die Gefühlslage nicht im Gesicht ablesen? Ich stelle mir den oder die Herrschaften mit gelber Binde am Arm, drei schwarzen Punkten darauf und Gehstock vor. Der Blick von Tara auf ihren Husky-Ehemann erinnerte mich an den Blick einer seit vielen Jahren unglücklich verheirateten Frau, die die Marotten ihres Ehemannes zynisch beobachtet und aufgrund bestimmter Umstände nicht die Koffer packen kann, um ihn endlich loszuwerden. Tara wollte mir gefallen und unterwarf sich den gewaltlosen Hausregeln. Sam, dieser Ödipusi, hielt sich ebenfalls zurück und wartete auf mütterliche Hilfe. In seinem Gesicht war zu lesen: »Mama, lass doch alles wieder wie früher sein.«

Körperliche Gewalttätigkeiten fanden also nicht statt, aber ich möchte nicht wirklich wissen, welche Worte in Hundesprache gewechselt wurden. Vielleicht so etwas wie: »Kannst froh sein Ödipusi, dass Deine Mama da ist, sonst würde ich Dir zeigen, wie die Blindschleiche und der fette Frosch sich gefühlt haben, als ich sie auf meine Weise behandelt habe.« Sam hat ihr wohlmöglich telepathisch geantwortet: » Meine Mama hat mich am dollsten lieb. Du wirst nur von mir geduldet, weil du ein herrenloses Mädchen bist. Geh doch Hühner jagen und lass mich mit deinem Zickenalarm in Frieden.«

Als Sam einsah, dass von mütterlicher Seite keine Hilfe zu erwarten war, suchte er einige Tage später selbst nach einer Lösung dieser unhaltbaren Situation. Er wollte einfach nur Frieden und nicht jederzeit damit rechnen müssen angefallen zu werden, wenn Mama mal nicht im Raum war. Er startete also einen ersten Versuch, die Kommunikationssperre zwischen ihm und Tara zu beenden. Doch Tara war nicht so leicht zu versöhnen und spielte weiterhin die Unnahbare.

Kommt uns das in der Menschenwelt etwa ein wenig bekannt vor?

Der erste Versöhnungsversuch ging somit leider daneben. Nur beim Spaziergang vergaßen sie ihre Diskrepanzen und liefen, wie Huskies eben so laufen, – jeder für sich und doch irgendwie gemeinsam. Ich ging vertrauensvoll davon aus, dass sich der unterschwellige Hierarchiekampf bei Zeiten auflösen würde.

Wir Menschen brauchen bei grundlegenden Veränderungen ja auch unsere sehr individuelle Zeit, um uns darauf einzustellen und das Beste daraus zu machen. Irgendwie drängte sich mir der Verdacht auf, dass Hunde, trotz einiger Unterschiede, dem Menschen charakterlich ziemlich nahe stehen. Wir halten uns ja auch oft mit dummen Machtkämpfen auf, obwohl das Leben ohne sie viel einfacher und schöner sein könnte. Mein Motto lautet: Ich setze auf die Lernfähigkeit – auch bei Hunden.

Als Sam und auch ich nach mehreren Friedensangeboten schon fast nicht mehr glaubten, dass Tara sich irgendwann mal aus der Zickenstarre befreien würde, passierte es auf unserem Gartengrundstück.

Plötzlich, aus wolkenverhangenem Himmel heraus, springt der kleine Flummi Tara auf Sam zu und fordert ihn zum Tanz auf. Eine Schreckminute vonseiten unseres etwas schwerfälligen Huskyrüden folgt, in der seine Augen Mühlsteingröße erreichen und vor Erstaunen basedowartig aus den Augenhöhlen hervortreten. Als der erste Schock verarbeitet ist, jagen die beiden verliebt, wie am ersten Tag, über das Grundstück und verteilen unaufhörlich Küsse. Mal galoppiert Tara, mal Sam über den anderen hinweg, um sich danach auf den Boden

zu werfen, mit den Beinchen in die Luft zu strampeln und einfach nur glücklich zu sein. Nach einer langen Zeit des Widerstands folgt die Erlösung.

Auch diese Gefühle sind uns Menschen wohlbekannt. Hätten die beiden Befellten im Vorhinein nicht so gekämpft, wäre die Freude der Erlösung niemals so groß gewesen. Ich gebe hiermit bekannt, dass ich dabei etwas gelernt habe. Auch das innere Kämpfen hat seinen Sinn.

Sehr bald, nachdem Tara einige Zeit bei uns war, hatte ich noch etwas anderes gelernt. Egal, wo sie sich gerade befand, sie kam sofort in die Küche, wenn ich auch nur daran dachte, mich dort hinzubewegen. Da müssen telepathische Kräfte am Werke sein. Eines Tages dachte ich nicht nur, sondern ging tatsächlich in die Küche, aber Tara erschien nicht. Das beunruhigte ein wenig und ich ging daraufhin in den Garten, um Ausschau zu halten. Nach dreitausend Quadratmetern schweißtreibendem Dauerlauf auf dem Grundstück folgte die Erkenntnis. Sie ist nicht da!

In Gedanken sah ich sie bereits im Nachbardorf die Hühner verhackstücken, eine Blutspur des Grauens hinter sich herziehen, die bäuerliche Nachbarschaft in Aufruhr bringen und ganz besonders deutlich sah ich den örtlichen Jäger mit Gewehr bewaffnet hinter ihr herstolpern. Der würde sie aber nicht erwischen, denn sie würde lieber den Freitod in Form eines riesigen Lastwagens suchen, der sich ihr auf dem Fluchtweg in heimische Gefilde auf der Landstraße entgegenwerfen würde. Der Fahrer würde von der Fahrbahn abkommen, bliebe nach Stillstand des Wagens glücklicherweise unverletzt. Jedoch die gesamte Wagenladung frisch geschlagenen Holzes würde die Böschung herabstürzen und das dort befindliche Haus des Jägers, welcher zurzeit noch hinter Tara herstolperte, erheblich beschädigen. Der beheimatet natürlich auch Hühner, wie es in unseren Breitengraden häufig geschieht. Und diese Jagdhühner würden zum schrecklichen Schluss auch noch und natürlich von der Lastwagenladung erschlagen. Just, als ich diesen gräulichen Gedanken nachhing, vor meinem geistigen Auge Blutspuren, totgeschlagene Hühner, herabstürzende Wagenladungen etc., fiel mein Blick auf unsere Zaungrenze. Die blutrünstige Madame spazierte außerhalb unseres Grundstückes seelenruhig am Gartentor entlang. Das war zum Glück keine Einbildung. Ich öffnete so unbeteiligt wie möglich das Gartentor, um sie nicht zu verscheuchen und sie lustwandelte mit einer unglaublichen, fast arroganten Haltung, sehr selbstbewusst auf unseren Heimatplaneten zurück. Habe auffolgend alle möglichen Schlupflöcher im Garten ausfindig gemacht, verbarrikadiert und kann behaupten, dass unser Grund und Boden jetzt einem Hochsicherheitstrakt gleicht. »Wir machen heute einen Besuch auf Alcatraz«, so frotzelten unsere Freunde häufig. Übrigens, in den nachfolgenden Tagen fand ich, dem Herrn sei es gedankt, keine Meldung in der Tageszeitung, die da lautete: »Psychopathischer Hund im Blutrausch duzende Hühner gehimmelt.«

Sam hatte die Ausbruchsaktion und Wiedergefangennahme von Tara zum Glück verpennt und schwelgte somit noch in seiner unvergleichlichen Naivität. Der hätte niemals geglaubt, dass es eine Möglichkeit gab, die Zaungrenze zu überwinden. Ehrlich gesagt, glaube ich, es hat ihn einfach nicht interessiert, was hinter dem Horizont los ist.

Es gibt ja auch selbst Menschen, die mit ihrer kleinen Welt recht zufrieden sind und wiederum andere, die es in die weite Welt hinauszieht, um Abenteuer zu bestehen. Die kommen zwar auch manchmal darin um, aber das Abenteuer scheint es ihnen wert zu sein, ein wenig

mit dem Leben auf dieser Kugel zu spielen. So eine Vertreterin war nun einmal unsere Tara.

Wenn man die Augen und das Herz mal weit öffnet, findet man leicht heraus, dass Hunde wie Menschen sich in mancherlei Hinsicht nicht nur ähneln, sondern auch sehr unterschiedlich sind. Vorgefertigte Meinungen über den Charakter der Lebewesen verschließen nur den Blick und das Gefühl für das Individuelle an ihnen.

Haben da zum Beispiel schlaue Leute mal behauptet, dass Huskies keine Wachhunde sind? Für Sam würde diese Behauptung stimmig sein, jedoch nicht für Tara! Aber lesen Sie selbst:

An einem Wochenende im Frühsommer 2007 – es war spät, stockdunkel und die Lampe am Himmel hatte keine Lust, die Nacht ein wenig zu erhellen. Mein Mann Thomas und ich saßen noch auf unserer Terrasse, um einen letzten Schluck Wein (übrigens einen guten Tropfen aus Rheinland-Pfalz) zu verschnabulieren. Die Tür zum Wohnzimmer war weit geöffnet und ich sah Sam, der sich bereits auf seinem Deckchen ausgebreitet hatte, beim Schlafen zu. Er schlief mal wieder den Schlaf der Ahnungslosen. Gerade als Thomas und ich uns von unseren Stühlen erheben wollten, um uns ebenfalls dem Schlaf der Ahnungslosigkeit hinzugeben, war der Moment gekommen, indem Tara ihren Auftritt hatte. Anstelle mit uns ins Haus zu gehen, lief sie in die schwarze Nacht hinaus in Richtung unseres Eingangstors. Wir hörten, dass sie leise knurrte, während sie in das undurchdringliche Dunkel starrte. Muss ich erwähnen, dass unser anderer Super-Duper-Hund Sam zu diesem Zeitpunkt immer noch in tiefen Träumen versunken war und mal wieder nichts mitbekommen hatte? Mein Mann und ich gingen derweil Tara nach und stierten ebenfalls in die Nacht. Auf der von Wald begrenzten gegenüberliegenden Seite unseres Hauses hatte ein Auto gehalten. Die beiden Insassen hatten sich, ausgerüstet mit Taschenlampen, daran gemacht die Rückseite unseres Hauses auszuspekulieren. Mein Mann und ich bliesen augenblicklich das Halali und begannen wie Tara zu knurren und dann zu bellen, ganz nach Hundeart. Tara erhielt so durch uns die Aufforderung mal zu zeigen, was ihr Stimmchen in voller Lautstärke so zu bieten hatte. Wir wussten nicht, dass ein Husky so gefährlich bellen kann, und wähnten ein oder zwei Gene eines Schäferhundes in Taras Erbmasse. Sam schlief übrigens jetzt nicht mehr und torkelte schlaftrunken auf uns zu. Da bemerkten wir, dass auch er ein sehr sonores Stimmchen besaß und er bellte mit Tara um die Wette. Die zwielichtigen Gestalten wurden vom gesamten Rudel in die Flucht geschlagen und fuhren mit quietschenden Reifen davon. Abenteuerlust kann ansteckend sein. Meinen Mann hatte es wohl aus Testosteronüberschussgründen deutlich erwischt. Ausgerüstet mit urzeitlichem, wiederentdecktem Jagdtrieb hatte er sich einige Zeit danach noch mit Tara gemeinsam hinter einem Busch versteckt, für den Fall, dass die dunklen Gestalten noch mal zurückkämen. Bei mir und dem alternden Sam war das mit dem Testosteron nicht so stark ausgeprägt und wir trabten zurück ins Haus. Mein Mann Thomas jedoch spürte deutlich; Tara empfand es als herrlich, mit ihm unsichtbar im dunklen Gebüsch zu hocken und auf mögliche Beute zu warten. So lernte ich meinen Mann mal von der prähistorischen Seite kennen. Später kamen die beiden ermattet von der Jagd zurück und dreimal dürfen Sie raten, was Sam seit längerer Zeit ausgiebig machte. Schlafen! Wenn Menschen altern, haben sie ja meist auch keine Lust mehr sich in der Diskothek auszutoben, sondern ziehen es vor eine gewisse Gemütlichkeit einkehren zu lassen. Das tat der Rest des Rudels nun auch und ging zu Bett.

Das Abenteuer mit den vermeintlichen Einbrechern schien Tara daran erinnert zu haben, dass sie schon längere Zeit keinen Ausbruchsversuch gestartet hatte. Von mir unbemerkt, plante sie den nächsten Befreiungsschlag. Es war wohl ihr großer Ehrgeiz, der sie antrieb, das Unmögliche möglich zu machen. Sie lag im Garten, oberflächlich und durch Menschenaugen betrachtet, ein Mittagsschläfchen haltend. In Wahrheit hatte sie die Festung Alcatraz im unberechenbaren Blick. Kühl berechnete sie in der warmen Sonne, wie sie den Ausbruch schaffen könnte. Vielleicht beobachtete sie währenddessen auch unseren Sam, wie er mit größter Ausdauer seine Kontrollgänge auf dem Grundstück vollzog. Dabei dachte sie vielleicht: »Wie kann man so ein langweiliges Hobby haben und immer wieder die gleichen Wege abschreiten.

So nach der Art: Oh, wie schön ich rieche, hier bin ich vor fünf Minuten schon mal vorbeigekommen. Oh, wie schön, hier riecht es immer noch nur nach meinen Markierungen. Wie beruhigend das ist.« Da ist sie wieder die Ähnlichkeit mit vielen Menschen.

Die ehrgeizige Abenteurerin jedenfalls wollte sich selbst in den Stand versetzen, als Königin der Ausbruchskünstler in die Geschichte einzugehen. Kurz und gut, diesen Stand muss ich ihr unumwunden zugestehen. Innerhalb von zwei Tagen war sie auch zweimal erfolgreich in ihren Bemühungen. Wieder blieben Huskydame, Hühner, Jäger und Lastwagenfahrer, Gott lob, von negativen Auswirkungen verschont. Weder Thomas noch ich halten uns für sehr unintelligent, doch bis zum heutigen Tage wissen wir nicht, wie sie aus Alcatraz entfliehen konnte. Das ist ein fast entwürdigendes Gefühl, wenn ein Tier in manchen Dingen mehr drauf hat als man selbst. Aber wie so oft im Leben, wenn man alles getan hat und doch sein Ziel nicht erreicht, ist es wertvoll die Verantwortung vertrauensvoll in übergeordnete Hände zu legen. Nennen Sie diese übergeordneten Hände, wie sie wollen. Schicksal, Gott, Allah, Onkel Hopfenzitz, – alles nur Namen. Auch wenn eine Geschichte mal anders endet, als man erhofft hat, man weiß nie, wofür es gut war. Verstehen kann man sie oft erst, wenn das Buch zu Ende gelesen ist. Anstatt also darüber nachzudenken, dieses unbequeme Mädchen wieder los zu werden, folgte ich dem Gefühl, welches mich auch beschlich, als sie mir damals im Internet auf einem Bild entgegen sah. Es fühlte sich nach Bestimmung an, dass wir uns kennenlernten. Die Ausbrüche werden irgendwann vorbei sein, wenn wir verstanden haben, dass man vieles, jedoch nicht alles im Leben kontrollieren kann.

Sicher geben Sie mir recht, dass es Menschen gibt, die besonders sensibel veranlagt sind und auch solche, die lange benötigen, bis sie im übertragenen Sinne einen Einschlag bemerken – auch wenn er direkt neben ihnen stattfindet. Das ist ein Gemeinplatz. Die Leute, die das erfahren haben, bemerken dafür an anderer Stelle den Einschlag nicht. So gleicht sich die Sache mit den Unterstellungen wieder aus. Warum ich das erwähne, liegt daran, dass ich mich gerade auf die nächste

Hundegeschichte einstelle, die gleichermaßen mit Einschlägen tatsächlicher und übertragener Art zu tun hat.

In der nächsten Zeit geschah kein Ausbruch mehr. Das mochte daran liegen, dass die Ausbruchskünstlerin im Moment ein ganz anderes Hobby ausleben wollte. Seit geschlagenen zwei Tagen hockte sie neuerdings vor unserem riesigen Humushaufen und wartete auf die Bewohner eben dieses Haufens, um sie dann genüsslich killen zu können. Ohne Übertreibung kann ich behaupten, dass sie jede Stunde von Anbeginn des Tages bis zum späten Abend – Spaziergänge im Wald und das Fressen fassen mal ausgenommen – stoisch vor diesem Humushaufen saß, unbeweglich wie ein Sphinx. Ich sagte flapsig zu meinem Mann: »Die hat doch den Einschlag nicht gehört. Unser Mädchen spinnt doch, stundenlang unbeweglich auf einem Punkt zu verharren.« Obwohl, – gerade kommt mir, während ich das hier aufschreibe, in den Sinn, dass es bei uns Menschen ja auch Leute gibt, die es lieben ebenso stundenlang auf einer Stelle zu hocken und auf einen Punkt zu starren. Man nennt sie Angler. Die warten auf die Bewohner irgendeines Gewässers, um sie anschließend zu killen. Ja, Tara war eine Anglerin. Jedenfalls, bisher hatte sie noch keine Maus aus dem Humushaufen erwischen können, obwohl dieser Haufen sicher eine Art Plattenbausiedlung für Mäuse war, das heißt, ebenso wie solch eine Anlage, viele Mäuse beheimatete. Taras Geduld war schier unerschöpflich. Sam war kein Anglertyp und fand es doof, dass Tara ständig vor dem blöden Haufen saß. Er ärgerte sie zwischendurch, indem er besonders geräuschvoll seinem Bällchen nachjagte, natürlich immer wieder direkt vor diesem Humushaufen. Taras Chancen auf Angelerfolg fielen ins Bodenlose. Kein Wunder, dass bei dieser geräuschvollen Kulisse das Mäuseangeln so erfolglos verlief. Tara wird gedacht haben: »Der alte Mann hat wohl den Einschlag nicht gehört. Wie soll ich erfolgreich sein, wenn dieser Simpel ständig mit seinem Bällchen, das genauso hohl ist wie er selbst, hier so einen Krach schlägt. Ach, ich bin aus eigener Erfahrung strikt gegen Zwangsheirat bei Hunden.« Zeitgleich mit diesen Überlegungen strecke ich, die Hundebesitzerin, alle fünf Sekunden die dicke Nase aus dem Fenster, um sicher zu gehen, dass Madame noch auf dem Grundstück weilt und nicht doch noch das Mäuseangeln hinter sich gelassen hat. Tara sieht das wohl und scheint zu denken: » Mutter hat wohl den Einschlag nicht gehört. Hat die nichts Besseres zu tun, als alle fünf Sekunden die dicke Nase aus dem Fenster zu strecken? Ich weiß nicht, was das soll. Menschen sind wirklich merkwürdig. Nase-aus-dem-Fenster-raus-streck-Hobbies sind mir einfach zu strange.«

Am Nachmittag des dritten Tages Humushaufensitzens ließ Tara diesen Ort plötzlich im Stich und kam ins Haus. Sie wirkte sehr ängstlich, während sie sich ganz nahe an meine Beine herandrückte, als ob sie Schutz vor irgendetwas suchte. Bei Sam und mir waren keine Auffälligkeiten zu bemerken. Tja, wer hatte nun den Einschlag nicht gehört? Was denken Sie? Fünfzehn Minuten später wussten wir es. Tara hatte mit ihrer extremen Sensibilität schon weit im Voraus gespürt, dass ein noch nie da gewesener Tornado auf uns zukam. Eines in unserer Region ungewöhnliches Ereignis. Es hagelte bald gefrorene Bauklötze vom Himmel, gepaart mit Blitzen, Donner und mächtigem Badabum-Sturm. Im Nachbarort verloren fünfundzwanzig Häuser ihre Dächer und viele Bäume ihr Leben. Bei uns fiel nur zeitweilig der Strom aus. Tara hatte mehr gespürt, als wir anderen wahrnehmen

konnten. Wie war das noch mal mit den Einschlägen, die man nicht bemerkt?

Apropos, – Sam hatte die Gefahr unterschätzt und wollte doch tatsächlich, während es draußen nach Weltuntergang aussah, im Garten spazieren gehen. Es lag nahe, dass er manchmal vor sich selbst geschützt werden musste. Wohlmöglich wollte er auch nur vor Tara ein bisschen angeben, wie mutig er sich den Unbillen des Lebens stellen würde. Ich jedoch vermute, es fehlte ihm einfach die Erfahrung. Ich entschied die Gartentür vor ihm verschlossen zuhalten. Manche Erfahrungen brauchen wir einfach nicht. Diese Geschichte sagt mir jedenfalls, wir alle haben irgendwann mal den Einschlag nicht gehört.

Mein mit großer Intensität verfolgtes Hobby, also das Nase-aus-dem-Fenster-raus-streck-hobby, führte bei mir zu Halswirbelsäulenmuskelverspannungen. Mit der Zeit verlängerte ich notgedrungen die Pausen dazwischen von fünf Sekunden auf etwa zwei Minuten. Meiner Halswirbelsäule brachte es Entlastung, und Tara genug Zeit wieder abzuhauen. Durch die aufgeregten Schreie unserer zu dieser Zeit gerade brütenden Vogelnachbarn wussten wir, wo wir nach ihr zu suchen hatten. Danach kam es zu einem verzweifelten Gespräch mit meinem Mann Thomas. Verständlicherweise machte er sich große Sorgen, dass irgendwann mal etwas passiert, das uns in Teufelsküche bringt. Ihm war aber auch klar, dass das mit den Hundekindern nicht anders zu sehen ist, als bei den Menschenkindern.

Er sagte zu mir: »Bei Menschenkindern weiß man ja auch nicht, was man bekommt, und liebt sie heiß und innig, auch wenn es kleine Webfehler gibt.« Möchte an dieser Stelle nicht versäumen zu erwähnen, dass ich meinen Mann für den besten der Welt halte. Hoffe, liebe weibliche und männliche Leserschaft, Sie können das von Ihren Lebenspartnern ebenso behaupten.

Als wir uns also einig waren, Tara um jeden Preis zu behalten, wohlweislich, dass sie es obendrein sehr schwer hätte, einen neuen Besitzer zu finden, brach sie nur noch ein einziges Mal die Hausregeln. Glücklicherweise wurde sie von freundlichen Dorfnachbarn mit Essen angelockt und dann wurde unser örtlicher Tierschutz angerufen. Die brachten die Gefangene in einen richtig schockierenden Zwinger. Dort wartete unsere Ausreißerin einen halben Tag auf Abholung, weil mein Mann und ich nach ausgedehnten Waldwanderungen auf der Suche nach ihr endlich erfuhren, wo sie steckte.

Als sie uns auf den Zwinger zukommen sah, sprang sie vor Glück einen Meter und höher in die Luft. Denke, dieser halbe Tag warten und nicht wissen, ob sie jemals wieder zu ihrem Rudel zurückkommen würde und vor allem dieser Zwinger, welcher sie an ihr Leben bei einem ihrer zahlreichen Vorbesitzer erinnerte, führte dazu, dass sie sich schwor, endgültig sesshaft zu werden und nicht mehr auszubüchsen. Außerdem hatte sie längst verstanden, dass auch wir unsere Lektion gelernt hatten. Dass man nicht alles kontrollieren kann und Hundekinder mit kleinen Webfehlern nicht so leicht aufgeben sollte – dann können Wunder folgen. Bis zum heutigen Tage strecke ich meine dicke Nase nicht mehr alle fünf Sekunden bis zwei Minuten aus dem Fenster. Seitdem ist Ruhe eingekehrt für meine Halswirbelsäule ebenso wie für Tara. Ach ja, auch die Humushaufenzeit ist längst überwunden und in der Plattenbausiedlung für Mäuse ist das Leben auch leichter geworden.

Eines Tages war es mal wieder an der Zeit, eine Reise in die große Stadt zu unternehmen. Große Stadt nennt man auf dem Dorf eine richtig große Stadt, wie zum Beispiel Düsseldorf oder Köln. In die Stadt fahren, sagt man hier in der Eifel, wo wir wohnen, wenn der nächstgrößere Ort gemeint ist, der auch schon ein beeindruckendes Erlebnis für die dörfliche Gemeinschaft bedeutet. In unserem Fall war das mit der großen Stadt die Modemetropole Düsseldorf. Isch bin ooch in Düsseldorf jebore – kein Schreibfehler, sondern Düsseldorfer Dialekt. Habe dort und später in Mettmann gelebt bis, wie Sie bereits wissen, der Hauskauf im Jahre 2003 perfekt war und wir das ländliche Leben schätzen lernen durften. Sam und Tara waren schrecklich aufgeregt, als sie spitz bekamen, beziehungsweise husky-bekamen, dass es auf große Fahrt ging. Überhaupt liebten beide, genau wie viele Menschen auch, das Autofahren an sich. Einigen anderen Hunden, so habe ich gehört, wird es beim Autofahren schlecht, und sie beginnen mit dem Kötzeln. Bei Menschenkindern kann man so etwas hie und da auch mal beobachten. Unsere Fellkinder jedenfalls saßen auf der Rückbank unseres Autos. Tara wollte immer hinter dem Fahrer Thomas sitzen und Sam hinter mir, dem Beifahrer. Tara suchte ausnahmslos die Nähe von Thomas. Sam ließ nicht mit sich diskutieren, wenn es um die Nähe zu mir ging. Auch hier waren die Regeln durch die Hunde fest definiert. Regeln sind auch in der Menschenwelt gar nicht so schlecht, damit nicht alles Drunter und Drüber geht. Solange man die Notwendigkeit der Regeln mit einfachem, aber klarem Menschenverstand nachvollziehen kann, nicht zu verachten. Stellen Sie sich mal vor, alle Fußgänger gehen bei Rot über die Straße. Alle Autofahrer fahren bei Grün über die Straße, obwohl sie die Fußgänger dabei erwischen würden. Tja, und wenn die Ampeln mal ausfallen und die Polizei noch nicht da ist, um den Verkehr zu regeln – was dann? Ja, dann hoffen wir mal auf den einfachen, aber klaren Menschenverstand bei Autofahrern und Fußgängern. Rücksicht und Vorsicht sind dann die Zauberworte. Gilt das nicht auch im Umgang mit seinen Tieren?

Sam steckte zwischenzeitlich den Kopf aus dem Fenster und Tara tat das gleiche auf der anderen Seite des Autos. Sie ließen sich den Wind kräftig um die Ohren blasen und ihre Schnauzen verzogen und verzauberten sich im Fahrtwind, wie zu einem Lächeln. Merke: Hunde können im Fahrtwind lächeln! Dabei ahnte ich, dass das Lächeln um ihre Mundwinkel nicht allein vom Wind erzeugt wurde. Es wartete, wie ihnen bekannt war, noch eine andere wunderbare Freude auf sie, wenn wir in die große Stadt kamen. Diese wunderbare Freude hieß »Kotelett-Oma«. Bei der »Kotelett-Oma« handelte es sich um meine eigene Mutter, die alle Tiere, vom Insekt bis Mensch, mit ganzem Herzen, alles verzeihend liebte, wie eine Mutter es nur tun kann. Sie liebte auch Lebewesen, die wirklich hässlich waren. Vor allem für Sam und Tara, die waren ja schön, war das aber zunächst hintergründig. In ihren Augen spiegelten sich riesige Koteletts, die meine Mutter bereits Stunden vor unserer Ankunft in riesigen Pfannen vorbereitete. Die Beiden schienen den Duft schon auf der Autobahn in Richtung Düsseldorf zu riechen und wurden immer unruhiger, rutschten auf ihren Plätzen hin und her. Je näher wir dem »Kotelett-Oma-Ziel« kamen, umso nervöser wurden sie. Endlich angekommen wurde »Kotelett-Oma« erstmal ausgiebig begrüßt. Dann kam schon bald die Gelegenheit, innerhalb gefühlter zwei Minuten, den ganzen Kotelett-Vorrat in sich aufzunehmen und anschließend mit einem warmen, wohligen Gefühl im Bauch ein verdientes Schläfchen zu halten. Dieses warme, wohlige Gefühl kennen Sie vielleicht auch, wenn sie an ihre Mutter denken, die ihnen ihr Lieblingsessen kocht und sie sich eine Zeit lang vorgaukeln dürfen, wieder Kind zu sein. Das erinnert mich daran, dass der sonntägliche Sauerbraten meine Erfüllung war, als ich noch bei meiner Mutter lebte. Ich bilde mir sogar ein, dass es nur zwei Gründe gab, derentwegen ich auf diese Welt geboren werden wollte. Erster Grund: Mutters Sauerbraten und zweiter Grund: Mutters Nudelsalat. Jedenfalls für Sam und Tara waren es wohl die liebevoll zubereiteten Koteletts. Nach dem besagten Verdauungsschläfchen unserer tierischen Freunde hieß es dann: »Auf auf zum fröhlichen Spazierengehen!« Vielleicht haben Sie, liebe Leser, ja mal Huskies in natura oder im Fernsehen gesehen, wie sie sich gebärden, wenn sie mitbekommen, dass es auf Tour geht. Die springen immer wieder auf einer Stelle in die Luft und hören erst damit auf, wenn man sie trotz dieser Umstände angeleint bekommen hat. Nun, Sam und Tara waren von diesem Stamm. Wir entwickelten eine enorme Fertigkeit, im richtigen Moment das Halsgeschirr um den Nacken der beiden zu legen. Für den Zuschauer sah das so ein bisschen wie Lassowerfen bei sehr gut ausgebildeten Cowboys aus, oder wie beim Ringewerfen auf kurzhalsige Flaschen auf einer Kirmes. Viele Leute schauten uns hinterher, wenn wir die Straßen Düsseldorfs eroberten. Manche wechselten freiwillig die Straßenseite, weil sie die Hunde an Wölfe erinnerten und da wohl die Geschichten vom reißenden Wolf oder der Wolf und die sieben Geißlein in ihren Sinn kamen. Im Blick Anderer wiederum gaben wir ein ulkiges Bild ab, das man in der großen Stadt nicht alle Tage zu sehen bekommt. Immer wieder hörten wir: »Schau mal, zwei Wölfe,« oder von weniger traumatisierten Menschen: »Schau mal, sind das aber schöne Hunde!« Abgesehen von solchen Äußerungen – die eigenen Kinder sind immer die schönsten der Welt, nicht wahr? Das geht Ihnen mit Ihren Kindern, ob menschlich oder tierisch, doch sicher auch so.

Zurück in heimischen Gefilden erwartete uns einige Zeit später die nächste Geschichte. Die Hauptrolle in dem Actionfilm, der sich zu Hause ereignete, übernahm mal wieder unsere Tara. Die Nebenrolle unser Schlafmützchen Sam. Die Gastrolle gab die Münsterländer Jagdhündin mit Namen Kimba, welche meiner Freundin Annerose angehört.

Annerose wird in Insiderkreisen auch das Burgfräulein genannt, da sie tatsächlich in einer Burg wohnt und stilsicher auch in eine solche gehört. Selbst, wenn man ihr einen Kartoffelsack über den Kopf stülpen würde; diese Frau sieht immer vornehm aus, hat den Knigge auswendig gelernt und auch die Inhalte dieses Anstandsführers genau verstanden. Als ich sie kennenlernte, glaubte ich, sie sei die Besitzerin der Burg. Das stimmt jedoch nicht, sie hat nur einen Teilbereich gemietet. Heimlich, auf irgendeine Art, gehört ihr die Burg aber glaube ich schon. Denn sie achtet wie ein Besitzer haargenau darauf, ob auch alles dort seine anständige Richtigkeit hat und die Rosen durch den Gärtner formgerecht und die Buchsbäume burggerecht geschnitten werden. »Die Buchsbäume müssen nämlich nach oben spitz zugeschnitten werden- sehr akkurat – sonst gehören sie nicht in eine Burg,« höre ich Annerose immer wieder referieren. Wenn da irgendeine Ungenauigkeit zu erkennen ist, läuft meine Freundin, die übrigens einer durch die Kriegswirren verarmten ostpreußischen Adelsfamilie entstammt, regelmäßig und im preußischen Stechschritt unsere Hauseinfahrt herunter, um sich bei mir über die Dummheit der Menschen zu beschweren und mir Kopien von Briefen vorzulegen, deren Originale sie bereits an die Verwaltung der Burg abgeschickt hat. In diesen Briefen wird dann minutiös aufgeführt, was da alles im »Burgenland« zu beanstanden ist. Nachdem sie mir dann den neuesten Beschwerdebrief vorgelesen hat und dabei sehr laut ist und mit den Händen in der Luft herumfuchtelt, verschwindet sie mit besagtem Stechschritt wieder am Horizont unserer Einfahrt.

Sicher warten Sie immer noch auf die neue Hundegeschichte, die ich ihnen ja angekündigt hatte. Aber es erscheint mir wichtig auch ein wenig von der Besitzerin des Münsterländer Jagdhundes Kimba zu berichten. Nicht umsonst sagt der Volksmund ja: »Wie der Herr, so das

Gescherr.« Kurz und knapp formuliert, Annerose ist auch so ein Jagdhund. Immer irgendeine Spur ausschnuppernd und auf geradem Wege, mit der Genauigkeit eines Schweißhundes, das Freiwild verfolgend, bis es zur Strecke gebracht werden kann. Ihr Jagdhund Kimba und sie bilden dabei eine Einheit im Denken und Fühlen. Kimba macht ihren Job genauso kompromisslos wie ihre Lebensgefährtin Annerose. Alles, was ihr nicht passt, wird gnadenlos verbellt. Aber wie meine Freundin selbst, kann sie auch sehr sensibel, freundlich und zuvorkommend sein. Jedoch keinesfalls, wenn es um die Verletzung der Prinzipien geht, die beide wie eine riesige, leuchtende Flagge vor sich hertragen. Die liebenswerten Eigenschaften bringt Kimba allen Menschen gegenüber zur Geltung. Annerose dagegen in besonderem Maße gegenüber der Tierwelt (aber nur der vierbeinigen Tierwelt). Die werden mit sämtlichen Entschuldigungen für ungebührliches Benehmen bedacht. Eine der genannten Prinzipien, zumindest von Kimba, ist: »ICH BIN DER BOSS – IMMER UND EWIG!« Lange bevor Tara zu uns stieß, bekam mein lieber Sam das dann auch ausgiebig zu spüren. Mit unglaublicher Geduld und Vorsicht versuchte er sich jahrelang der Partisanin Kimba freundlich zu nähern. Jeden Versuch schmetterte sie zu Boden mit einem Knurren und Zähnefletschen, dass einem das Blut in den Adern gefrieren ließ.

Mein in älteren Jahren zum Schlafmützchen mutierter Sam konnte nur unbeschadet ihre Anwesenheit überleben, weil er sich nie mehr als auf zehn Meter Entfernung an sie herantraute. Unter Einhaltung dieses Sicherheitsabstandes ignorierte Kimba meinen Sam seit mehreren Jahren und vermittelte in dieser Zeit niemals, dass ihr etwas an ihm liegen würde – außer dem Gefühl der Abscheu natürlich. Mein traumatisierter Sam schien sich schon einzureden, dass er bei Frauen nicht ankommt. Doch dann kam Tara, die ihm nach einigen Anfangsschwierigkeiten ihre Liebe schenkte. Somit wurde er nach Jahren der Entwürdigung vonseiten der Münsterländerin allein durch Tara sozusagen geheilt.

Um noch mal auf Kimba zurückzukommen, es gab wohl im Laufe der Jahre hier in der Gegend auch überhaupt keinen Hund, der nicht wenigstens einmal eine schmerzliche Erfahrung mit dieser Kampf-drohne gemacht hätte. Sie schien es zu lieben einen Hund zu verprü-geln, empfand wohl Freude daran die hündische Nachbarschaft mit ihrem übertriebenen Machtanspruch zu gängeln. Dabei fand sie kei-nen, der ihr im Kampf das Wasser reichen konnte. Mit eingezogenem Schwanz verschwanden alle Herausforderer nacheinander in Gefilde weit ab von dieser Hündin.

Nun, nach einem erholsamen Urlaub im schönen Dresden sah ich Annerose und Kimba mal wieder unsere Einfahrt heruntermarschieren – im altbewährten Stechschritt natürlich. Das Ende des nun folgenden filmreifen Ereignisses nehme ich zur allgemeinen Beruhigung schon mal vorweg: Anneroses sonnengebräuntes Gesicht wurde schlagartig aschfahl. Alle haben überlebt. Ich dagegen durfte mal erleben, was Tara als Kampfhund so zu bieten hatte.

Aber ganz von vorne: Kimba sah Tara und Tara sah Kimba. Stellen Sie sich diese Situation ruhig vor wie in einem Westernfilm. Denken Sie an diese typischen Szenen, wo die Straßen wie leer gefegt sind – nur eine einsame Windhose rollt über den Schauplatz.(Windhosen aus Haaren vielleicht, da die im Leben einer Huskybesitzerin eine größere Rolle spielen). Die Feinde stehen sich gegenüber. Der Zuschauer weiß bereits vorher, dass es zum Schusswechsel kommen wird. Die Frage ist nur, wer schießt zuerst, wann wird geschossen und vor allem, wer überlebt?

Innerhalb von Bruchteilen von Sekunden entscheiden beide, aufei-nander loszugehen mit sicherem Ziel vor Augen den jeweils anderen zu zerfleischen. Die im Vergleich behäbigen Hundeführer haben nicht die geringste Chance das Schicksal abzuwenden. Nun schlug eben besagtes Schicksal gnadenlos zu. Kimba hat wohl das erste Mal im Leben so richtig Prügel von einem Hund bezogen und es floss auch Blut, aller-dings nur aufseiten Kimbas. Die Verletzung an den Lefzen war jedoch nicht so schwer, dass man den Arzt aufsuchen musste. Tara wurde zu einem reißenden Wolf und ließ erst von Kimba ab, als die den Kampf mit einer Unterwürfigkeitsgeste abbrach.

Ist doch anständig von Tara, dass sie das akzeptierte und nicht weiterhin auf Kimba eindrosch, oder? Es soll ja Menschen geben, die auf am Boden liegende Mitmenschen erst recht weiter einhauen. Da finde ich die Hunderegeln viel besser.

Manche Hunde sind allerdings auch so gestrickt wie umsichschlagende Menschen. Das liegt meiner Meinung nach an der vorherigen Behandlung durch umsichschlagende Hundebesitzer. Wie sehen Sie das?

Aber erstmal zurück zu unserer Prügelstory. Wie immer gibt es mehr oder weniger hehre Gründe für Verprügelungen.

Tara wollte Kimba wohl klarmachen, dass Sam ausschließlich ihr gehört und keine anderen Weiber an seiner Seite duldete. Die Feindinnen mussten später an die Leine genommen werden, weil Kimba, nachdem sie sich einigermaßen vom Kampf erholt hatte, gerne noch eine Revanche bekommen hätte. Beide saßen sich dann an der Leine gegenüber und starrten die ganze Zeit in die Augen des anderen, wie wir es in der Menschenwelt von Boxern vor dem Kampf kennen und das unter psychologischer Kampfführung registrieren. Kimba zitterte vor Wut, ob des Verlustes ihrer Vorherrschaft in der Eifler Hundewelt und sabberte auf den Boden. Tara jedoch saß vollkommen unbeeindruckt ganz ruhig da und starrte weiterhin in Kimbas Augen. Erinnerte mich an diese asiatischen Kampffilme, wo der Kung-Fu-Meister ganz ruhig und eins mit dem Universum, den Gegner mit Bewegungs- und Emotionslosigkeit mürbe macht. Fällt auch unter psychologische Kampfführung. Tat mir ja leid, dass Kimba etwas verletzt worden war, aber darf ich ehrlich sein? – ein klein wenig kam in mir das Gefühl auf, dass es mal Zeit wurde, dass jemand der arroganten Jagdhündin zeigte, wie sich alle ihre früheren Opfer gefühlt haben mussten. Das ist wohl das Gesetz von Ursache und Wirkung, welches hier zum Tragen kam. Sam, der Hahn im Korb, sah sich das Westernschauspiel einfach nur an. Als die Kriegsparteien angeleint waren, und er nicht mehr Gefahr laufen musste versehentlich Opfer von Tätlichkeiten zu werden, ging er erst zu Tara, schnüffelte an ihrer Schnauze, welches wie ein Kuss aussah. Anschließend ging er furchtlos zu Kimba und tat das Gleiche. Die ließ sich dann das erste Mal, seit ich sie kannte, von ihm beschnüffeln, wedelte erfreut mit dem

Schwanz, während sie Tara weiterhin mit Blicken zu töten versuchte. Dem Beobachter erschien es so, als ob Sam jetzt gerne einen Harem aufgemacht hätte. Aber Tara würde das verhindern, mit allen blutigen Mitteln! Annerose, unser Burgfräulein, kam uns nach diesem Ereignis dann erstmal ziemlich lange nicht besuchen.

Einige Wochen danach stand sie dann wieder vor unserer Tür – ohne Kimba. Die ließ sie dem Grundbedürfnis der Harmonie folgend lieber zu Hause, wenn sie uns nun besuchte.

Diese Tatsache bedeutete aber noch lange nicht, dass disharmonische Hundemomente nicht doch Einkehr in unser Heim finden sollten. Sie ahnen schon, jetzt kommt noch was. Mal abgesehen davon, dass Annerose wieder einen längeren Monolog über die Unfähigkeiten von Burggärtnern hielt, habe ich Ihnen ja bereits mitgeteilt, dass sie immer die Ordnung im Leben anstrebt – also ihre Ordnung – nicht die der anderen. Das drückt sich zum Beispiel darin aus, dass auch die kleinste, einsame Fliege an der Wand, ausgelöst durch Anneroses sehr flinke Hände, den schnellen Schlagmichtod-Tod findet. So ergab es sich, dass sie in sich selbst versunken auch über die derzeitige Zeckenplage fachsimpelte und dabei der unausweichliche Blick auf meine Hunde fiel. Sam spürte aus leidlicher Erfahrung, wenn Annerose ihm gegenüber körperlich aktiv werden wollte, und verabschiedete sich in den Garten. Das nennt man in der Menschenwelt einen großen Bogen um jemanden machen. Tara jedoch kannte Annerose noch nicht so genau, ließ sich über die Absichten der Burgfrau erst mal täuschen und suchte aus Unkenntnis dessen, was jetzt geschah, nicht das Weite. Annerose beugte sich, trotz meiner Beteuerungen, dass Tara wohl derzeitig keine Zecke beheimatete, über sie mit den Worten: »Das kann man nie wissen. Bei Kimba schau ich auch öfter mal nach ZICKZACK's.« Zur Erklärung an den Leser: Zickzack's sind in Anneroses Welt ganz ordinäre Zecken. Ich denke sie verwendet hier Pseudonyme wie das Wort Zickzack, weil diese Tiere für das Burgfräulein so die Ordnung der Welt stören wie der Teufel. Der wird ja auch manchmal nicht beim Namen genannt und stattdessen als der Unaussprechliche bezeichnet. So, Annerose ist also immer noch über Tara gebeugt und sucht und sucht und sucht. Dann plötzlich, wie ein vom Himmel herabstürzender Raubvogel, fallen die Finger des Burgfräuleins in das dicht bewachsene Fell der Huskydame. Ein kurzer Aufschrei des Hundes, der verstört nicht weiß, wie ihm geschieht und tatsächlich, der »Zeckenhabicht« war erfolgreich und hielt mir die Beute ganz dicht vor die Nase. Eine einsame Zecke war also doch noch im Fell versteckt und Annerose, unser Jagdhund, hatte die Beute zur Strecke gebracht. Nach Entsorgung des erlegten Tieres und einige Zeit später ging ich kurz in die Küche und ließ Tara mit Annerose allein. Sekunden danach höre ich einen Aufschrei von Tara gefolgt von einem Aufschrei Anneroses: »Hilfe, Hilfe, komm schnell – komm doch schnell,« höre ich sie schreien, und zwar in einer Tonlage, die musikalisch ausgedrückt jenseits des zwei gestrichenen fis anzusiedeln ist. Ich stürme also ins Wohnzimmer zurück. Doch da, wo sie vor kurzer Zeit noch war, ist sie nicht mehr. Danach erst erkenne ich, dass die Hilfeschreie von draußen durch die weit geöffnete Terrassentür hereintrommeln und dann erblicke ich Annerose schlussendlich auf der Terrasse. Diese finde ich in einer Körperposition, die einem auf dem Rücken liegenden Käfer gleichkommt, während die eine Hand in der Schnauze von der danebensitzenden Tara zu ruhen scheint. Was war passiert? Ich ahnte, dass das etwas mit einer Zickzackjagd zu tun haben musste und Tara keine Lust hatte wieder das Opfer zu spielen. Ähnlich wie vormals bei Kimba– nur im jetzigen Fall, wie Sie sehen werden, unblutig. Als Tara mich sah, ließ sie von Annerose ab und die konnte die Rückenlage wieder verlassen. Wie wir dann konstatierten, war der Anneros'schen Hand nicht die geringste Verletzung unterlaufen und auch sonst war meine Freundin unbeschadet. Der genaue Ablauf des Geschehens war folgender: In meiner Abwesenheit wollte Annerose bei Tara tatsächlich noch mal auf Zickzackjagd gehen. Die jedoch ging auf die Terrasse, um dem Fellrupfen aus dem Wege zu gehen. Annerose, ich sagte ja bereits, dass sie manchmal Ähnlichkeit mit dem Charakter ihres eigenen Münsterländer Jagdhundes hat, wollte wohl unbewusst weiter die Grenzen austesten. Sie folgte Tara und glaubte, nachdem sie so tat als wolle sie die Hündin nur streicheln, eine weitere Zickzack entdeckt zu haben. Mit einem Ruck so hart wie ihr bereits erwähnter preußischer Stechschritt riss sie nun an dem vermeintlichen Zecken-Gegner und dann erst stellte sich durch die Reaktion von Tara heraus, dass sie KEINE ZECKE, sondern eine ZITZE des Huskymädchens erwischt hatte und diese nun sozusagen Zack-Zack herauszureißen versuchte! Was würden Sie als weibliche Leserschaft tun, wenn jemand versucht ihnen die Brustwarze herauszureißen? Da war die Reaktion von Tara sehr weise. Sie schnappte sich die Hand von Annerose, die vor Schreck aus der Hocke auf den Rücken kullerte, und hielt die böse Hand im Mäulchen einfach nur in Schach, bis ich aus der Küche zurückgekehrt war. Tara zeigte Annerose die Grenzen, ohne sich zu übertriebenen Handlungen verleiten zu lassen. Wie oft hatte ich in der Vergangenheit das Burgfräulein gebeten, meine Hunde mit dem Zickzack-Thema in Ruhe zu lassen? Hier sieht man mal wieder: Reden hilft oft nichts, Erfahrung jedoch eher. Mit anderen Worten-wer hinterher der Dumme ist, ist es meistens schon vorher, oder aus Erfahrung wird man klug. Von diesem denkwürdigen Tage an wurden die Hunde von Annerose nur noch gestreichelt und nicht gezickzackt!

Es kam der Tag, an dem Tara ordentlich der Hof gemacht wurde. Von Menschennasen unbemerkt, strömte sie nun einen für Sam betörenden Duft aus, der ihn auf Freiersfüßen wandeln ließ. Wie es nicht nur in der Hundewelt üblich ist, schlawinerte er bereits seit Tagen um die Angebetete herum, in der Hoffnung die Dame zu einer Liebesumarmung zu verführen. Diese Annäherungsversuche wurden zunächst mit einem leisen, warnenden Knurren beantwortet. Sofort danach machte Sam ein Gesicht, als ob er es gar nicht ernst gemeint hätte. Seine Erklärungsversuche an Taras Adresse zu deuten, war dabei nicht schwer: »War doch nur ein Scherz Tara, Schätzchen. Als ob ich alter Mann mich an so ein altes Mädchen noch heranmachen wollte. Nein-Nein, keine Sorge.«

Meine eigenen Gedanken dabei waren: »Je oller, je doller. Der würde sich, trotz seines biblischen Alters, an alles ranmachen, was wehrlos ist. Und heimlich hofft er, dass Tara ihn erhören möge.« Ebenso dachte ich, dass wir nun täglich mit einer hormonell bedingten Wesensänderung des alten Mädchens rechnen mussten. Dann würde hier das Chaos ausbrechen und Vermeidungsstrategien wären sehr gefragt. Obwohl mir die Vorstellung eines Hundenachwuchses sehr gefiel, ließ ich hier aber mal meinen noch einigermaßen funktionierenden Menschenverstand walten, denn ich habe mich im Laufe meines Lebens selbst recht gut kennengelernt und weiß, dass es mir sehr schwer fallen würde, alle sieben bis zwölf Huskywelpen abgeben zu müssen. Ganz abgesehen davon, dass es bei all den vielen abzugebenden Hundebabys dieses Landes schwierig erscheint, einen wirklich geeigneten Besitzer zu finden, der meinem strengen Urteil gerecht würde. Nachdem ich mir also selber klargemacht hatte, dass Verhütung angesagt war, stellte sich die Frage, wie diese Verhütung zu bewerkstelligen wäre. Die meisten zusammenlebenden Hunde sind ja kastriert. Ich kannte niemanden, der ein sexuell aktives Hundepäärchen in seinem Haus wohnen ließ. Nur vor ungeheuren Schreiattacken unkastrierter Rüden wurde ich gewarnt und Hundedamen, die sich jedem dahergelaufenen Mann willig entgegenwerfen. Wenn ich vormals bei einem Spaziergang mit Sam einem Menschen mit läufiger Hündin begegnete, kreischten mir die Besitzer der willigen Dame bereits auf hundert Meter Abstand entgegen: »Die hat ihre Tage!« Und wenn Sam und ich es nicht rechtzeitig taten, wechselten sie die Straßenseite, als ob man bei einem Abstand von hundert Metern schwanger werden könnte. Taras Vorbesitzer hatten mir erzählt, dass sie früher schon einmal Mutterglück erfahren habe. Sam, denke ich, interessierte sich nur für die Technik, durch die die Hundekinder auf die Welt kommen.

Auch bei Menschenmännern gibt es ja solche Technikfreaks. Kennen Sie diese ziemlich bescheuert aussehenden Höschen für Hundemädchen, die vor allem erschaffen wurden, um das Haus rein zu halten von sichtbaren Zeichen ihrer Willigkeit? Meine Überlegung war, diese Höschen zusätzlich zu nutzen, wenn Sam sich mit der Technik auseinandersetzen mochte. So technikbegabt war der nämlich auch wieder nicht, um das Geheimnis des Höschens im wahrsten Sinne des Wortes zu lüften. In meiner Vorstellung würde ein Höschen aber dann doch nicht reichen, zwei Höschen übereinander wohl schon.

Aber noch war es nicht soweit. Huskies lassen sich nämlich viel Zeit, bis sie die Hundebabys empfangen. Stattdessen wurden mein Mann Thomas und ich Zeugen eines Liebestanzes, der mit nächtlicher Unterbrechung, mehrere Tage andauerte. Sam schrie übrigens tatsächlich, aber nur wenn er länger als eine Minute seine Angebetete nicht sah. Alles musste geneinsam gemacht werden. Wenn wir diese hündische Grundregel nicht verletzten, gab es auch kein Geschrei. Der Liebestanz der Huskies ist von einer Ästhetik und Schönheit, wie ich es mir niemals vorgestellt hätte. Diese Tiere gehen im Liebesrausch sehr zärtlich und liebevoll miteinander um. Aus meinem Sam, der ohne besondere Hormonzufuhr eher etwas grob veranlagt war, wurde ein fast über dem Boden schwebender Tänzer, der sein Liebesglück in vollen Zügen genoss. Wie froh ich war, dass er das erleben durfte. Tara glich einer Waldelfe und schwelgte ebenso in Glückseligkeit. Zwischenzeitlich sprangen sie dann auch gleichzeitig aufeinander zu, um nur mit der Brust aneinanderzustoßen. Das sah sehr ulkig aus. Humor beim Liebesspiel muss ja kein Nachteil sein. Als Tara ihrem Sam dann nach einigen Tagen anzeigte, dass nun seine Stunde der Liebes-Vollendung gekommen sei, wachte ich mit Argusaugen über diese bescheuert aussehenden Höschen, welche sich Tara kommentarlos von mir anziehen und gelegentlich zurechtrücken ließ. Ja, – Sam durchschaute die Technik des Höschenlüpfens wirklich nicht. Da er den Unterschied zwischen natürlicher Vorgehensweise und Höschenstrategie nicht kannte, wird ihm das hoffentlich nicht so viel ausgemacht haben. Ich würde die Höschenstrategie jedenfalls meiner eigenen Kastration vorziehen. Habe übrigens mal auf einer Internetseite gelesen, dass es bei Tieren auch die Möglichkeit der sogenannten Unterbindung, Vasektomie genannt, geben soll. Das ist dasselbe, welches viele Menschenmänner mittlerweile durchführen lassen, wenn sie der Emanzipation der Frau folgend, das Verhüten auf ihre eigenen zarten Schultern nehmen. Der Körper bleibt nach der zwanzigminütigen Operation hormonell, wie er auch vorher war. Spaß an der Freude bleibt bestehen. Nur der Samen beinhaltet keine kleinen Babys mehr. Dass man den Spaß an der Freude und einen auch unbelasteten Hormonhaushalt den Haustieren mit so einer Operation zugestehen könnte, wäre laut Bericht im Internet, eine bessere Lösung, als die häufig durch Kastration verursachte Wesensveränderung. Über den Sinn oder Unsinn solcher Überlegungen können Sie sich ja mal selbst ihre Gedanken machen. Bei nach solch einer Operation stattfindenden Spaziergängen mit Ihrem Rüden könnten Sie jedenfalls bereits auf hundert Meter Entfernung dem Besitzer einer läufigen Hundefrau entgegenschreien: »Macht nichts, dass ihr Mädchen die Tage hat! Mein Hund kann keine Kinder mehr zeugen!« Peinlich wäre das Ihrem tierischen Begleiter sicher nicht.

Unsere Erfahrungen mit den beiden Liebestollen waren gar nicht so anstrengend, wie uns prophezeit wurde. Im Gegenteil, es war wieder mal ein Geschenk für uns, diese Zeit der Umarmungen miterleben zu dürfen.

Es gibt ja so Situationen im Leben, die uns allen früher oder später nicht erspart bleiben. Eine davon ist der nicht mehr zu vermeidende Besuch beim Arzt. Hunde werden davon auch nicht verschont. Manchen Menschen macht ein Besuch beim Arzt gar nichts aus und anderen steht beim bloßen Gedanken an einen Weißkittel schon der Angstschweiß auf der Stirn. Auch bei Hunden gibt es Vertreter beider

Fraktionen. Sam war der mit dem Schweiß auf der Stirn – im übertragenen Sinne – denn im tatsächlichen Sinne verlor er vor Angst Millionen von Haaren, wenn er eine Tierarztpraxis aufsuchen musste. Tara hingegen war der ersten Fraktion zugehörig, was ihr die Zeit beim Tierarzt interessant machte. Und da, wo es interessant war, da ging sie gerne hin. Sam hatte nun eine entzündete Druckstelle am Bein entwickelt, die sich der Tierarzt ansehen sollte. Tara und Sam benötigten dazu noch eine Impfung. Der Besuch beim Tierarzt war eine Schau. Wie können zwei Tiere, die sich äußerlich fast wie ein Ei dem anderen gleichen, ansonsten so verschieden sein? Dumme Frage, natürlich kann das sein. Sam zitterte am ganzen Körper wie eine im Sturm stehende Fahne und musste durch die Praxisräume von hinten geschoben werden. Er weigerte sich in seiner Verzweiflung, den nahen Tod vor Augen, auch nur eine Pfote vor die andere zu setzen. »Wenn der Tierarzt mich schon diesmal umbringt, dann soll er mich wenigstens niemals vergessen.« Dies stellte sich später heraus, hat er wohl gedacht. Alle Anwesenden konnten jedenfalls bereits zu diesem Zeitpunkt erkennen; Sam war davon überzeugt, dass der Tierarzt ihn noch heute zu Tode quälen würde. Tara jedoch vermittelte den Eindruck, als meine sie in der Arztpraxis, einen neuen Abenteuerspielplatz entdeckt zu haben. Sie machte sich mit all den spannenden Gerüchen und den anderen anwesenden Hunden ihren Spaß. Ab und zu schaute sie zu dem zitternden Sam herüber, der seinen ziemlich großen Körper unter einen ziemlich kleinen Stuhl gequetscht hatte, und dachte wohl: »Hoffentlich merkt hier keiner, dass dieser zitternde, peinliche Typ mit mir verbandelt ist. Der Schmalspurdenker scheint auch noch zu glauben, dass man ihn unter dem Stuhl nicht finden könnte.«

Tara wurde als Erste von den beiden geimpft und machte den Eindruck eines wohlerzogenen, herzallerliebsten Kindes. Danach schaute sie zu, wie Sam verarztet wurde und erlebte ihn von der monsterartigen Seite. Er hatte sich wirklich fest vorgenommen, dass der Arzt ihn niemals vergessen würde. Und das schaffte er auch. Sam benötigte während der Behandlung dringend einen Maulkorb, sonst hätte er aus allen Anwesenden Hackfleisch gemacht. Jetzt kam auch die Stelle, an der Hundebesitzer den immer wiederkehrenden Gemeinsatz aus den Mündern quellen lassen, der da lautet:

»So etwas hat der noch nie gemacht und ist sonst immer ganz lieb.« Den Satz hörte ich mich dann reflexartig auch sagen, was aber den guten Ruf meines Hundes nicht rettete. Wir mussten den Tollwütigen dann auch noch mit zwei Mann (Tierarzt und Thomas), sowie zwei Frauen (Tierarzthelferin und ich) festhalten, sonst wäre er vom Behandlungstisch gesprungen. Dabei hatte der Tierarzt bis zu diesem Zeitpunkt noch keinen seiner vermeintlichen Foltermethoden, die unweigerlich in den Tod führen, anwenden können. Der Arzt war so eingeschüchtert, dass ihm eine für Sam gedachte Spritze verrutschte und zunächst versehentlich in einer kleinen Arterie und anschließend blutig in hohem Bogen auf dem Praxisboden landete. Tara schaute dieser spannenden Theateraufführung zu, während sie wie ein typischer Fernsehzuschauer dabei einen Keks nach dem anderen serviert bekam. Die einzig verbliebene, ansonsten untätige Arzthelferin, war wohl froh, dass sie sich nur um Tara und nicht um den wahnsinnig irre aussehenden Sam kümmern musste. Ich meine auch, dass ich Tara beim Zuschauen ein wenig habe grinsen sehen. Wegen der Druckstelle sollte Sam jetzt zum krönenden Abschluss auch noch eine Halskrause tragen. Diese vom Hundeteufel erschaffenen Plastikflüstertüten für den Nacken kennen Sie sicher auch. Mit denen rammt man als Hund die ganze Außenwelt, während man selber diese Welt nicht mehr erkennen kann. Die Nackentüte steht einfach zwischen Hund und Welt. Dieses Höllending sollte Sam tragen, damit er sich an der wunden Druckstelle nicht andauernd leckt und den Heilungsprozess verlangsamt. Mit der Tüte auf dem Kopf hatte Sam, so glaube ich, den winzigen, letzten Rest an Respekt vor Tara verspielt. Ich bin der festen Ansicht, dass Tara ihn deswegen sogar ausgelacht hat. Ich habe über den Anblick meines Sam natürlich nicht gelacht – jedenfalls nicht offiziell. »Das war lustig und wo fahren wir jetzt hin?« Sie können sich denken, liebe Leser, dass dieser Satz nur Taras Gedankenwelt widerspiegeln kann. Natürlich fuhren wir nach diesem kräftezehrenden Ereignis nirgendwo sonst hin als nach Hause. Neben dem Eindruck eines Wahnsinnigen hinterließ Sam in der Arztpraxis Myriaden von Haaren, die sich mal wieder zu Windhosen zusammenballen wollten. Die Arzthelferinnen hatten sicher eine Menge zu tun, um den Behandlungstisch und Umgebung von den Angsthaaren zu befreien. Auf dem Weg nach Hause sah Sam erstmal wie um Jahre gealtert aus. Ich hörte ihn innerlich flehen: »Das war der Horror und jetzt bitte nach Hause fahren, bitte nach Hause.« Wenigstens diesen Wunsch konnten wir ihm erfüllen. Übrigens, auch ich sah um Jahre gealtert aus. Der Tierarzt wird zumindest kurzzeitig über einen Berufswechsel nachgedacht haben.

Zu Hause angekommen befreite ich Sam von diesem Plastiktunnel am Hals und warf das Teil einfach weg. In unserem Fall zumindest war es unnötig. Sam leckte häufig noch an der Wunde. Diese heilte aber trotzdem in den nächsten Tagen komplikationslos ab. So konnte ich einen gewissen Grad an Respekt Tara gegenüber wiederherstellen.

Überhaupt stellte sich mir die Frage, ob das Lecken von Wunden bei Hunden nicht einem irgendwie gearteten tieferen Sinn entspricht, der den Tieren von Mutter Natur als Hilfsmittel bei Verwundungen mit auf den Weg gegeben wurde. Die Spucke enthält ja jede Menge antibakterielle Inhaltsstoffe, auch beim Menschen übrigens. Menschen, ohne diese Spuckeinhaltsstoffe, würden andernfalls ständig mit entzündetem Mäulchen herumlaufen. So etwas lässt sich bei Humanoiden als auch Hunden ja eher selten beobachten. Vielleicht funktioniert es in manchen Fällen also tatsächlich auch mithilfe der Natur, ohne Plastiktunnel oder Unmengen von Wundsalben. Sam fühlte sich ohne Verband und Halskrause jedenfalls prima. Der nächste Arztbesuch sollte lange auf sich warten lassen.

Sie kennen den Ausspruch »Du bist ein Sonnenkind?« Im wahrsten Sinne des Wortes handelte es sich bei Tara um ein solches. Warum? Sie war dazu fähig freiwillig stundenlang bei hochsommerlichen Temperaturen in der knalligen Sonne zu liegen, bis der Pelz brannte. Hätte es dem lieben Gott mehr gefallen dieses Tier als Mensch auf die Welt zu setzen, dann wäre sie mit Sicherheit der Typus Zweibeiner geworden, der auf Gran Canaria seinen ganzen Jahresurlaub am Meeresstrand, den Körper hin und her drehend, verbrächte.

Es ist wirklich ein Vorurteil, dass viele Leute glauben, ein sibirischer Husky liebe nur den Winter. Bedenken Sie, auch in Sibirien kommt ein paar Monate im Jahr die Sonne vorbei. Auch dort kann es zeitweilig mit Temperaturen um die vierzig Grad sehr warm werden. Deshalb hat die Natur diese Hunde auch mit einem Ansatz von Sommerfell ausgerüstet. Immer in dem Moment, wenn ich dachte, dass Taras Pelz sich gleich von selbst entzündet und in Flammen aufgeht, stand sie ein wenig dösig dreinschauend auf und kühlte sich auf dem Steinboden in der Diele unseres Hauses eine Weile ab. Anschließend ging sie wieder in den Garten, um sich erneut aufbraten zu lassen. Diese Prozedur wiederholte sich stundenlang.

Sam hingegen war kein Sonnenkind. Schien diese, hielt er sich im kühlen Haus auf. Wenn es regnete oder schneite oder, wie Sie bereits wissen, sehr stürmte, wollte er unbedingt raus. Manchmal saß er freiwillig stundenlang mit Bällchen im Maul im Regen und wartete auf die Nachbarskatze. Er ahnte ja nicht, dass die bei Regen oder Schnee lieber im trockenen Heim vor dem bullernden Ofen saß. Er sah die Nachbarskatze ziemlich selten, da die ja lieber im Sonnenschein unsere Einfahrt herunterflanierte. Da war Sam meist im kühlen Haus. An einem dieser schönen warmen Sonnentage kündigte sich mal wieder Besuch an. Meine Freundin Beate, im Schlepptau ihr damals vierjähriges Söhnchen Janis. Sie kamen zu uns, um ein paar Tage die traumhaft schöne Eifel Region zu erkunden. Einen Urlaub in unseren Breitengraden kann ich Ihnen übrigens auch nur empfehlen. Heute kennt Beate sich hier bereits besser aus als wir selbst. Sie erzählte Thomas und mir immer in allen Einzelheiten und mit begeisterten Augen von all den Sehenswürdigkeiten der Eifel Gegend. Wir hörten ihr bass erstaunt zu, was es da, wo wir selbst lebten, alles so gibt. Der Besuch, von dem ich jetzt berichte, war der erste seiner Art, seit der kleine Janis auf der Erde angekommen war. Er sollte unser Rudel nun mal richtig kennenlernen. Janis wurde ungefähr ein Jahr zuvor von einem kleinen Hund ins Gesicht gebissen. Körperlich war nur eine kleine Narbe zurückgeblieben, seelisch natürlich eine gewisse Vorsicht vor Hunden. Bei dem kleinen Mann hat sich Tara dann als Therapiehund auf das Beste bewährt. Vorsichtig trabte sie ständig hinter ihm her und ließ sich geduldig von ihm streicheln, während sie dem hundetraumatisierten Kind immer direkt in die Augen sah, als ob sie spürte, dass der bei ihr seelisch von den schlechten Erfahrungen geheilt werden könnte. Am Ende des Aufenthaltes war Tara für Janis der große Star und er wollte die hündische Therapeutin am liebsten mit nach Hause nehmen. Sam kam bei der Beurteilung etwas weniger gut weg. Janis mochte Sam zwar auch gut leiden, denn er zeigte sich ihm gegenüber friedlich. Aber Sam hatte die Eigenart solche Zwergengestalten, wie Janis einer war, ganz plötzlich von hinten zu schupsen, wenn sie etwas für ihn Interessantes in den Händen hielten. Da Sam der Auffassung war, dass alles, was sich einigermaßen in Bodennähe befand, ihm gehören müsste, sah er das Kinderüberraschungsei in den Händen der Zwergengestalt auch als sein Eigentum an. Da lohnte sich in seinen Augen schon mal die Schups-Aktion, für den Fall, dass das Schokoladenei dabei dem kleinen Wichtelmann aus den Händen fiele. Dann läge das Ei auf jeden Fall am Boden und wie gesagt, was auf dem Boden liegt, ist Sams Eigentum. Das hat Sam einmal versucht. Nachdem ich ihm erklärt hatte, dass seine Lebenstheorie an dieser Stelle unhaltbar war, suchte er in der Küche nach den restlichen Überraschungseiern in Beates auf dem Boden abgestellter Handtasche und ließ das in seinen Augen zu kurz geratene Menschenkind in Ruhe. Mit Sam konnte man gut über alles reden. Autoritäre Erziehung ließ er nicht gelten. Wenn man das Wort »Nein« liebevoll und nicht zickig aussprach, war er jederzeit bereit seinem Alphawolf, also mir, bei der Argumentation zu folgen. Janis kreierte für Sam nach dem Erlebnis mit dem Schokoei einen neuen Rufnamen. Er ging als sogenannter »Schupser-Hund« in die Geschichte ein. Diesen Beinamen hat Sam ohne Kommentar auch so angenommen. Er ließ sich weiterhin bereitwillig von Janis streicheln und gab zu verstehen, dass er dem Kindchen nicht gefährlich werden würde. Somit haben Tara und auch anteilig Sam einem Menschenkind gezeigt, dass nicht alle Hunde beißen.

Nun wird es Zeit, dass Sie die andere Seite unserer immer vermeintlich liebevollen und freundlichen Tara kennenlernen sollen. Sie besaß auch eine ziemlich hinterhältige Ader, wenn es um das Thema Essen ging. Besonders im Umgang mit unserem Altertümchen Sam war das manchmal zu beobachten. Bei der nun folgenden Geschichte stellte sie außerdem die Intelligenz ihrer Besitzerin ernsthaft auf die Probe. Ich hatte ihr einen Kauknochen gegeben und natürlich bekam Sam ebenfalls einen. Als ich den Raum verlassen hatte, hörte ich Sam lauthals heulen. Sam bellte übrigens so gut wie nie. Er heulte, wie Wölfe es zu tun pflegen. Jedenfalls kannte ich diesen Tonfall des Aufheulens und der bedeutet in die menschliche Sprache übersetzt: »Mama, Mama, komm ganz schnell und hilf mir. Das Teufelsweib (Tara) hat mir den Knochen abgeluchst und ich habe Angst um mein Leben, wenn ich versuche ihn ihr wieder zu entreißen.« Da ich meine Mutterrolle ernst nehme, eilte ich flux zu meinen Fellkindern und fand folgendes Bild vor: Tara lag auf dem kleinen Futonbettchen von Sam und sah mich mit engelsgleicher Unschuldsmiene an. Sam stand in einigem Sicherheitsabstand vor ihr und erwartete nun die Rückgabe seines Kauknochens durch seine fürsorgliche Mutter Marina. Die hatte nun aber ein Problem. Mutter entdeckte weder den Knochen von Tara noch den von Sam und durchsuchte akribisch das ganze Wohnzimmer nach dem Versteck der Knochenschätze – ohne Erfolg. Dann jedoch trafen sich nochmals die Blicke von Mutter Marina und Tara. Taras Blick zeigte mir nur in einer einzigen Sekunde eine teuflische Zuckung und ich war mir sicher, dass sie etwas zu verbergen hatte. Ich ging zu ihr und forderte sie auf den gemütlichen Platz, auf dem sie lag, zu verlassen. Langsam erhob sie sich mit dem niedergeschlagenen Blick eines Verlierers. Ich staunte nicht schlecht, als sich mir beide Knochen offenbarten, die sie die ganze Zeit unter ihrem Fellkörper versteckt gehalten hatte. Das Beste war noch, dass Sam seinen Knochen danach nicht mehr interessant fand und ihn seinem Weibchen freiwillig überließ. Was habe ich daraus gelernt? Wer sich in Ehestreitigkeiten einmischt, ist hinterher oft der Blöde.

Um ein wenig emotionalen Abstand von dieser Erkenntnis zu bekommen, entschied ich eine halbe Stunde später mit den beiden einen Spaziergang zu unternehmen. Dabei entdeckte Tara eine für sie sehr interessante Stelle, die sie aufforderte ein Loch in den Boden zu graben. Den so entstandenen Flugdreck schleuderte sie auf direktem Wege in das Gesicht des hinter ihr stehenden Sam. Der verstand nicht, dass man sich im fortgeschrittenen Alter freiwillig so anstrengt, und empfand das Dreckschleudern sicherlich als indirekten Angriff auf seine nicht vorhandene Autorität. Denke, so hat Tara es auch gemeint. Um alle noch hintergründig vorhandenen Wogen zu glätten, servierte ich dann am Mittag Hühnchen mit Kartoffeln für die beiden, da ich wusste, dass dies eines der wenigen Dinge war, die die beiden sofort versöhnte. Im Verehren von Hühnchenfleisch bildeten sie eine verschworene Gemeinschaft.

Genauso, wie Sie bisher in diesem Buch gelesen haben, vergingen die Frühlinge, Sommer, Herbste und Winter. Irgendwann wurde sichtbar, dass in Sams Leben langsam der Herbst einkehrte. Er spielte zwar immer noch mit seinem geliebten Bällchen. Das Galoppieren und Herumtollen auf dem Rasen vor unserem Haus wurde aber ganz langsam, Schritt für Schritt, weniger. Und immer, wenn wir dachten: »Jetzt ist er aber richtig alt,« schlug er unseren Überlegungen ein Schnippchen und schien sich auf's Neue zu verjüngen. Äußerlich sah man sein Alter nicht. Wirklich jeder, der uns begegnete, meinte er wäre wohl um die sechs Jahre alt. Tatsächlich zählte der Bursche bereits dreizehn Lebensjahre. Das erste Mal in seinem Leben tauchten dann scheinbar ernste, gesundheitliche Probleme auf, die uns veranlassten den Tierarzt mit Sams Anwesenheit nicht weiter verschonen zu können. Leider war zu dem Zeitpunkt, als wir die Tierarztpraxis aufsuchten, der Ihnen bereits vorgestellte Arzt in Urlaub. Seine Vertretung hatte nun die Freude unseren Sam anzuschauen – und er sie natürlich. Zunächst bestand der Verdacht auf Diabetes, der sich aber nicht bestätigte. Der nächste Verdacht war, es handele sich um eine akute oder chronische Nierenbeckenentzündung. Eine Antibiotikakur zeigte keinen Erfolg. Da ich mich selbst, wenn auch vornehmlich in der Humanmedizin auskenne, fiel mir aus Gründen, die ich hier im Einzelnen nicht aufführen möchte, ziemlich schnell auf, dass diese Vertretungsärztin dumm wie Brot war. Daraufhin habe ich mich an eine Tierheilpraktikerin gewandt. Ergebnis: Sam hatte zeitweilig vermehrt uriniert, weil er weit vor unserer Zeit bemerkte, dass Tara wieder mal einen unwiderstehlichen Duft verströmte, denn der Dezember nahte mit »Hitze«. Er wollte mit dem häufigen Abgeben von Körperflüssigkeit einfach nur sein Revier ausgiebig markieren. Die Urinuntersuchung durch die geistig abwesende Ärztin war in Wirklichkeit ein Normalbefund, deshalb konnte Antibiotika auch keine Veränderung bringen. Die Tierheilpraktikerin stellte jedoch fest, dass Sam eine altersbedingte Entzündung der kleinen Wirbelgelenke des Rückens entwickelt hatte. Den trägen Stoffwechsel behandelte die Tierheilpraktikerin auf homöopathischem Wege, um alte Leber und Nieren zu stärken, – übrigens, ebenso wie die Rückenprobleme, sehr erfolgreich.

Der wahre Gesundheitszustand meines Hundes blieb für die Ärztin ein Geheimnis – wahrscheinlich eines von vielen. Die angeblich krankhaften Symptome verschwanden zeitgleich mit Taras Hitze. Alles in allem fühlte ich mich in unserem Fall bei der Tierheilpraktikerin weitaus besser aufgehoben, als bei der Tierärztin. Rechtzeitig habe ich sozusagen die Seite gewechselt, denn stellen Sie sich vor, diese Ärztin wollte meinem Sam sogar einen Katheter in den Pipimann schieben. Sie glaubte, dass Sam bei so etwas nicht sediert werden bräuchte. Bevor es dazu kommen konnte, hatte er ihr an anderer Stelle schon mal gezeigt, was ein echter Husky ist und ihr, noch bevor sie die Chance hatte ihm einen Maulkorb anzulegen, in die dümmlichen Finger gebissen – zwar nur leicht, diente aber ungemein der Abschreckung. Auch sie hat unseren Sami wohl nicht vergessen. Die Tierheilpraktikerin lernte Sam ausschließlich von seiner freundlichen Seite kennen.

Obwohl es Sam wieder richtig gut ging, war mir klar, dass die Zukunft mit ihm wohl sehr begrenzt sein würde. Darum entschloss ich mich, die restliche Zeit mit ihm ganz besonders zu genießen. Ich wünschte mir, dass wir noch mindestens einmal einen gemeinsamen Jahreskreis erleben mochten, so intensiv und schön, wie irgend möglich. Mehr als dieser innige Wunsch wurde mir erfüllt. Mit dem Gefühl, dass wahrscheinlich unser letztes gemeinsames Erdenjahr heranbrach, feierten wir den Frühling mit ausgelassenem Hintereinanderherjagen und Bällchenspielen im Garten. Jeden Abend zelebrierten wir gemeinsam unser Stück Schokolade. Die Osterglocken blühten und riefen unaufhörlich die Sonne herbei. Die kam dann immer öfter zu Besuch. Bisweilen ruhte sich der alte Junge im wohlriechenden Gras aus und hielt ein Nickerchen. Dabei beobachtete ich ihn gerne und war bezaubert von seiner zeitlosen Schönheit. In solchen Augenblicken dachte ich zurück an längst vergangene Tage, als er und ich noch blutjung waren. Was hatten wir bereits bevor Tara zu uns kam alles erlebt!

Manchmal lagen wir eng beieinander – fast wie ein Liebespaar. Vielleicht dachte auch er in diesen Momenten an unsere gemeinsamen Jahre zurück. Weißt Du noch, was für ein Chaos ausbrach, als ich Dich endlich zu mir nach Hause holen konnte, Samimann? Oh, Gott war ich aufgeregt und Du genauso. Als wir endlich in meiner damaligen Wohnung in Mettmann ankamen, ließ ich dich sofort von der Leine, damit du dein neues Revier ausspekulieren konntest. Und was hast du als Erstes gemacht? Vor lauter Aufregung hast Du erstmal an meine nagelneue Wohnzimmercouch uriniert. Das nenne ich ordentlich Markieren und nicht spekulieren. Sofort rief ich meine Mutter an. Die Frau, die alle Lebewesen inklusive Insekten liebt und die Sie, liebe Leser, als »Kotelett-Oma« kennengelernt haben. »Mütterlein, ich glaube der Hund hat eine schwache Blase. Jetzt ahne ich den wahren Grund, warum der Versicherungshausmeister den Hund loswerden wollte. Wie kriege ich den Pinkel aus der Velourscouch? Mütterlein, was soll ich nur machen?«

Und da war sie dann, die einzige Stimme, die mich aus meinen Ängsten und Nöten befreien konnte. Diese tiefe, samtene Stimme meiner Mutter: » Kind, mach Dir keine Sorgen. Sami ist nur genauso aufgeregt wie du. Alles ist doch so neu für ihn. Alles wird gut. Warte ab und außerdem bin ich die Meisterratgeberin der Pipi-aus-der Velourscouch-macher.«

Nach diesem Telefonat bin ich dann doch sicherheitshalber alle halbe Stunde mit Dir, lieber Samimann, runter auf die Straße, für den Fall, dass es dich wieder überkommt. Das ging die ganze Nacht hindurch so weiter. Dich überkam in dieser Nacht gar nichts mehr, mich dagegen überkam die Müdigkeit. Aber ich hielt eisern durch, immer auch meine schöne Velourscouch vor dem geistigen Auge. Diese Nachtwanderung hat dir aber auch sichtlich Spaß gemacht. Du glaubtest zu diesem Zeitpunkt wohl: »Was für ein komisches Menschlein ist das. Dachte immer Zweibeiner schlafen in der Nacht. Nun, in der Dunkelheit ist das Beutetierjagen ja auch viel effektiver. Sie scheint ein ziemlich kluger Mensch zu sein.«

Die nächsten Tage verbrachten wir mit ausgedehnten Spaziergängen im Mettmanner Stadtwald und Umgebung. Ich hatte mir extra Urlaub genommen, damit wir Zeit hatten uns so richtig kennenzulernen. Lieben lernen mussten wir uns nicht, denn in unserem Fall war es ja Liebe auf den ersten Blick. Bei Spaziergängen spielte mein Bruder Günter, der zu dieser Zeit auch in Mettmann lebte, eine wichtige Rolle. Nachdem auch er Dich kennengelernt hatte, schloss er dich ebenfalls in sein großes Herz. Das Kennenlernen sah ja so aus, dass du bereits ein paar Tage nach deiner Ankunft die Nacht damit verbracht hast, Günters teure Lederschuhe zu bearbeiten. Hast wohl gemeint: »Da Marina keine Nachtwanderung mehr mit mir macht, suche ich die Beutetiere eben in der Wohnung und erlege und zerlege sie ausgiebig.« Als Günter am Morgen danach in seine Lieblingsschühchen schlüpfen wollte, sah er nur noch eine einzige verschlammte Masse, die nur mit sehr viel Fantasie an ihr Vorleben als Lederschuh erinnerte. Da Du, lieber Sami, ein sehr weiser Hund bist, hast Du die Schimpftiraden meines Bruders nicht nur verziehen, sondern auch erkannt, dass weder Nachtwanderungen mit Mutter Marina, noch Schuhzerkauorgien im neuen Haushalt angesagt waren. Schuldbewusst bewegtest Du dich eine Weile nur noch im Zeitlupentempo durch die Wohnung, den normalerweise selbstbewussten Huskyschweif zwischen den Beinen versteckt. Als Günter sah, wie du dich offensichtlich so schuldbewusst langsam und leise bewegtest, musste er lauthals lachen und die ganze Angelegenheit war für ihn im Nu erledigt. Günters Zuneigung zu dir nahm dann mit der Zeit immer größere Ausmaße an. Er war sogar bereit mit dir an seinen heiligen Wochenenden, die vormals mit ausgiebigem Ausschlafen bedacht waren, wandern zu gehen. In deiner Jugendzeit warst du ein wirkliches Temperamentsbündel und allzeit zu Schabernack bereit. Das führte dazu, dass Günter oftmals schon morgens um 4:30 Uhr mit dir im Stadtwald herumgeisterte. Und das nur, damit er dich von der Leine lassen konnte, ohne Gefahr zu laufen anderen Lebewesen zu begegnen, die dich von seinen »Komm her! Kommst du jetzt?!«-Rufen ablenken würden. Ach, Günter hatte an alles gedacht. Aber nicht daran, dass Kaninchen, Mäuse, Vögel aber auch auf angrenzenden Wiesen weidende Pferde ebenfalls zu den Lebewesen gehören, die zu den Frühaufstehern zählen. Da stand er nun, der Bruder, im halbdunklen, einsamen Stadtwald und rief nach dir. Es war nur eine Frage kurzer Zeit, bis du wieder zu sehen warst. Aber genauso schnell warst du auch wieder weg, nur um danach froh gelaunt auf Günter zuzulaufen. Wenn der dann glaubte, dich anleinen zu können, schlugst du in Bruchteilen von Sekunden einen Haken und verschwandest im Dickicht. Günter gab so schnell aber nicht auf und änderte seine Anlockstrategie. Seine Jackentaschen waren voller Fleischwurst. Er scheute sich auch nicht mit Fleischwurst wild in der Luft herumfuchtelnd durch den Forst zu irren und immerzu seinen meistgesprochenen Satz hervorzukeuchen: »Kommst du jetzt? Kommst du jetzt sofort her!« Auf solche ausgefeilten Strategien fielst du aber höchstens einmal herein. Du sagtest dir: »Fleischwurst bekomme ich später immer noch. Die Fauna jedoch mit ihrem reichhaltigen Angebot lässt nicht auf sich warten.« Einmal spieltest du Bruder Günter besonders übel mit, sicher ohne es zu ahnen. Denn als er wieder einmal im morgendlichen Halbdunkel durch den Wald stolperte, um nach dir zu fahnden, überkam ihn ein dringendes Bedürfnis. Von Bauchkrämpfen geschüttelt ahnte er, dass wenn du nicht auf der Stelle bereit wärest, dich anleinen zu lassen und hernach ihn nicht im höchstmöglichen Tempo die heimische Toilette aufsuchen lassen würdest, ein schreckliches Malheur auf ihn wartete. Es widersprach nämlich Bruder Günters Ehrenkodex, sich einfach im Gebüsch des Waldes zu entledigen. Die Not und Wut stieg ins Unermessliche, während du vor seinen Augen, jedoch unerreichbar, kreuz und quer über den Wanderweg hechtetest, um immer wieder in die angrenzende Flora abzutauchen. Vor lauter

Verzweiflung drehte sich Günter irgendwann auf dem Absatz seiner jetzt nicht mehr so teuren Schuhe um und lief in Richtung Heimat – ließ einfach ab von der Hundejagd, denn es war, was seine Bauchaktivitäten betraf, bereits eine Minute vor zwölf. Und was hast du dir dabei gedacht, Sami?: » Bruder Günter scheint wieder nach Hause zu gehen. Allein im Wald, ohne den Spaß mit »Fleischwurst-Fuchtel-Günter« ist es nur halb so schön. Der geht jetzt bestimmt frühstücken. Da geh ich mal mit und erlege ein Stück Fleischwurst.« Bruder Günter traute seinen Augen nicht, als Sami, brav wie ein wohlerzogener Schäferhund neben ihm hergaloppierte und einfach so mit ihm nach Hause wollte. Günter schaffte es übrigens noch rechtzeitig, sozusagen um Punkt 12 Uhr, die Bauchkrämpfe auf regulärem Wege loszuwerden.

Während ich mir und Sami noch ein Stück Schokolade in den Mund schiebe, denke ich: »Jetzt, in deinem biblischen Alter, ist das Leben etwas ruhiger geworden.« Draußen scheint die mittägliche Sommersonne. Deshalb sind wir beide natürlich im kühlen Haus. Die Nachbarskatze interessiert dich auch nicht mehr so sehr wie früher. Stattdessen wirst du noch liebevoller und anhänglicher. Immer wieder einmal kommst du in letzter Zeit ganz von selbst zu mir und schiebst

deinen schönen Kopf zwischen meine Knie. Du suchst und findest dort Geborgenheit. Dabei möchtest du an den Ohren gestreichelt werden. Ich weiß, dass du das jetzt mehr genießt, als jemals zuvor. Ich spüre, dass das lange Abschiednehmen begonnen hat – du auch. In diesem Moment fällt mir eine Grußkarte ein, die unsere Freundin Annerose uns einmal geschenkt hat. Darauf steht: Unsere größten Erlebnisse sind nicht unsere lautesten, sondern unsere stillen Stunden. Wie weise unser Burgfräulein Annerose doch sein konnte. »Damals in jungen Jahren, Sami, gab es viele laute Momente, die aber auch sehr schön waren, nicht wahr?«

Ich streichele ihm, so behutsam, wie ich kann, über sein warmes, weiches Fell und erinnere mich an die Geschichte mit dem Husky-Bade-Versuch. Günter und ich waren zu der Zeit noch der Meinung, dass ein Husky ab und zu auch mal gebadet werden müsste. Wir planten generalstabsmäßig, wie so ein Huskyvollbad vonstattengehen sollte. Aber hier zeigte sich mal wieder; zwischen Theorie und Praxis passen mehrere Universen.

Günter sollte dich also in die Badewanne heben, was auch sofort gelang. Dreißig Kilogramm Hunde waren für diesen Menschenhünen von 1.98 cm ein Kinderspiel. Danach jedoch war Feinarbeit gefragt. »Festhalten!, rufe ich ihm entgegen. Du musst ihn doch festhalten!« Ja, ja du erinnerst dich Sami? Dreißig Kilo geballte Hundeladung können sehr anstrengend werden, wenn sie beginnen, sich aufzulehnen. Zunächst hatte dich mein großer Bruder ja noch einigermaßen unter Kontrolle. Aber dann kam das unvermeidliche Einseifen deines Fells, das übrigens nur in den oberen Schichten wirklich nass zu bekommen war. Das Fell eines Schlittenhundes ist nämlich extrem wasserabweisend. Eingeseift bekamen wir dich dann doch noch. Aber es kam, wie es kommen musste. Gerade, als wir sozusagen darüber triumphierten, dass das Baden, trotz großer Mühen, gelingen würde: »Oh, neiiiiiin, Sami neiiiiin!« flutschst du, vermittelt durch den Trägerstoff Seife, aus den ebenso flutschigen Händen des Bruders. In einem einzigen, riesigen Satz springst du aus der Badewanne, während auch ich ergebnislos versuche dich noch zu halten. Natürlich meint das manchmal sehr humorvolle Schicksal es gut mit dir, denn die Badezimmertür ist weit geöffnet wie ein Scheunentor. Den Weg hinaus kanntest du ja selbst. Auf der Flucht vor uns hast du dich in wirklich jedem Raum dieser ziemlich großen Wohnung mindestens einmal gründlich geschüttelt, bis du einsahst, dass es kein wirkliches Entkommen vor uns gab. »Wenn ich später mal wieder Besuch bekomme, werde ich irgendetwas von Designerwandtapeten faseln, deren besonderer Clou darin besteht, dass sie aussehen, als hätte ein nasser Hund sich davor ausgeschüttelt,« sagte ich zu Günter, als ich wieder reden konnte. Nachdem die Wohnung also umgestaltet worden war, packten wir dich in ein großes Badetuch und schworen uns, dass wir das Huskybaden zukünftig in professionelle Hände geben. Wir ahnten ja nicht, dass auch die Profis mit dir ihre Not haben würden. In den nächsten Tagen habe ich dann eruiert, wo in unserer Nähe ein Hundewaschsalon zu finden war. Also packten wir dich ins Auto und ab ging die Fahrt zu den Professionellen.

Bereits auf dem Weg dorthin trieb es uns den Schweiß auf die Stirn, weil du, mein Sami-Schatz, nicht einfach nur das Autofahren genießen konntest, wie viele andere Hunde, sondern obendrein neuerdings deine Gesangskunst zum Ausdruck brachtest, und zwar in allen für das menschliche Ohr vernehmbaren Tönen. Anstatt den in deinen Augen wohlverdienten Applaus entgegen zu nehmen, erntetest du von Günter und mir nur Unverständnis und Beschimpfungen. Da dir aber immer schon die Meinung des gemeinen Pöbels tierisch egal war, johltest du noch eine Stufe lauter. Du warst nun mal von deinem Gesangstalent restlos überzeugt. Wenn ich, auf der Beifahrerseite des Autos sitzend, mich zu dir nach hinten verbiegend versuchte, das Schnäuzchen zuzuhalten, sprangst du rechtzeitig auf die Fahrerseite, damit ich dich mit meinen, bis auf das Maximum ausgefahrenen Armen, nicht mehr erreichen konnte. Versuchte dann Günter auf seiner Seite des Autos es mir gleich zu tun, hüpftest du in bewundernswerter Schnelle einfach wieder auf meine Seite zurück. Du warst nicht zu bändigen. Wieder einmal brachtest du uns, trotz klirrender Ohren, zum Lachen. Als wir endlich diesen Hundewaschsalon ausfindig gemacht hatten, schienst du, mangels besseren Wissens, sehr froh gelaunt und neugierig. Das Geschäft sah für dich auch sehr einladend aus. Von draußen konnte man gut in den Laden hineinschauen, denn ein Schaufenster ließ im wahrsten Sinne tief blicken. Ich glaubte meinen Augen nicht zu trauen, als wir direkt hinter dieser Fensterscheibe zwei kleine Yorkshireterrier in wilder, leidenschaftlicher Liebesumarmung vorfanden. »Bist du sicher Schwester, dass das hier ein Waschsalon ist? Sieht eher aus wie ein Puff,« ließ Günter vermelden. Wir wollten uns von solch frivolem Anblick jedoch nicht abschrecken lassen, denn Sami sollte unbedingt gebadet werden. Die Waschsalonbesitzerin kam uns, zu diesem Zeitpunkt noch gut gelaunt, entgegen. Es war eine von diesen Menschentypen, die abgesehen von sauberen Hunden, sehr auf das eigene äußere Erscheinungsbild achtgeben. Sie hätte auch ohne Weiteres in einer Parfümerie arbeiten können. Noch bevor sie uns erreichte, erschlug sie uns mit ihrem betörenden Parfümgeruch, und als sie vor uns stand, blendete sie uns mit ihren knallroten Fingernägeln. Heimlich tippte ich darauf, dass ihre Lieblingshunderasse der edle Pudel sein könnte, denn ihre Haarfrisur türmte sich ebenso, wie man es von diesen Hunden gewöhnt ist, wie ein tönender Turm auf ihrem Kopf. Innerlich musste ich lachen, als ihr doch tatsächlich zwei Pudel folgten und sie mitteilte, dass dies ihre eigenen Hündchen seien. Ich weiß Sami, du interessiertest dich weder für Pudel noch für diese Dame. Ich kann behaupten, dass dein Interesse für andere Vierbeiner erst bei einem Kampfgewicht von circa dreißig Kilo und darüber hinaus geweckt wurde. Zweibeiner, die sich allmorgendlich literweise süßliche Düfte über den Körper gossen, waren dir ein Gräuel. Deine Strategie war also zunächst: Ignorieren! Die Pudeldame versicherte, dass Sami waschtechnisch gesehen bei ihr in den besten Händen sei und wir nun ruhig eine Stunde spazieren gehen könnten. Ich höre sie noch sagen: »In einer Stunde erkennen sie ihren Liebling nicht wieder. Dann ist er noch mal so schön.« Als wir pünktlich wieder das Geschäft betraten, schien Sami noch im Bad zu sein, denn er war nicht zu sehen. Ein paar Minuten später kam die Waschsalonbesitzerin aus dem hinteren für uns nicht einsehbaren Bereich des Etablissements. Erkannt habe ich die Dame nur an ihren knallroten Fingernägeln, denn von der turmartigen Pudelfrisur war nichts mehr übrig. Einzelne vormals von Haarspray gefügig gemachte Strähnen standen kreuz und quer vom Kopf ab, das Augen-Make-up dermaßen verschmiert, als habe sie eine Stunde ununterbrochen geweint. Hatte sie nicht behauptet, unseren Sam würden wir nach dem Vollbad nicht wiedererkennen? Und überhaupt, wer hatte hier wen ins Bad getaucht? Ich war mir sicher, hier hatte ein Kampf stattgefunden – Pudel gegen Husky. Die Waschfrau lächelte gequält, als sie eine Hintertür öffnete, hinter der sie unseren Sami nach dem Putzvorgang sozusagen kurzfristig aufbewahrt hatte, bis die Besitzer wieder anwesend waren. Als du mir entgegen stürmtest, Schatzemann, verstand ich in Bruchteilen von Sekunden, dass du dringend hier weg wolltest. Die Waschkönigin mit der zerzausten Frisur und den mittlerweile depressiv herunterhängenden Mundwinkeln wollte dich genauso schnell loswerden, wie du sie. Ihre letzten Worte, bevor wir den Laden verließen, waren: »Ich habe ihn gebadet. Der ist jetzt sehr sauber und braucht sehr, sehr lange nicht mehr gebadet werden. «

Ja, du warst tatsächlich sehr sauber. Aber der Geruch, den du damals verströmtest, war der eines parfümierten Pudels. Das passt einfach nicht zusammen. Seit diesem Tag wurdest du niemals mehr gebadet. Zum Spaß hat Günter zu Hause immer mal wieder in deinem Beisein die Badezimmertür geöffnet und zu dir gesagt:»Sami, komm BADEN, BADEN gehen.« Ohne Scherz – wie viele Jahre hast du das Badezimmer nicht mehr betreten, und wenn das Wort BADEN fiel, dich hinter der Wohnzimmercouch versteckt?

Heute sind wir natürlich viel schlauer als damals. Heute wissen wir, dass das Fell eines Huskys sich auf wundersame, undurchschaubare Weise selbst zu reinigen vermag. Obwohl du niemals mehr in deinem Leben gebadet wurdest – dein Fell ist weich, glänzend, kein unangenehmer Geruch. So schont man nicht nur den Geldbeutel, sondern auch eine Menge Nerven.

Jetzt am späten Nachmittag, auch deines Lebens, können wir beide wieder nach draußen gehen. Langsam erhebst du dich von deinem Lieblingsplätzchen. Es ist nicht mehr so heiß draußen, und du beginnst wieder lebhafter zu werden. Du forderst mich zum Spielen auf und wir spielen, ganz und gar umfangen im Augenblick. Ich denke nicht mehr, was gestern war oder morgen sein wird. Es ist einer unserer Augenblicke. Du lehrst mich das Hier und Jetzt zu leben. Das ist möglich, weil unsere Zeit endlich ist. Du hast noch Kraft genug – eine ganze Weile. Dann plötzlich brichst du das Spielen ab und hältst inne. Die Kirchenglocken läuten. Seit Anbeginn unserer gemeinsamen Zeit hast du immer andächtig aufgehorcht und den Kopf schief gehalten, wenn du Kirchenglocken hörtest. Dein erster Besitzer lebte mit dir in der Nähe einer Kirche. Damals hast du sogar gesungen, wenn Glocken die Menschen zum Gottesdienst riefen. Ob sie dich an deine Kinder beziehungsweise Welpenzeit erinnern? Jedenfalls scheinen sie wichtig für dich.

Ich sollte das letzte Mal mitbekommen, dass du sie hörst. Irgendwann, in der nächsten Zeit wird mir auffallen, dass du sie nicht mehr hören kannst. Alte Hunde werden schwerhörig wie Menschen. Das Fühlen wird dann noch wichtiger.

Apropos Fühlen – Mir kommt eine alte Volksweisheit in den Sinn: Wer nicht hören will, muss fühlen. Das gilt auch für Streichelzooziegen. Einer dieser Vertreter lernte den Inhalt dieser Volksweisheit kennen,

als unser Sami ungefähr drei Jahre alt war. Ich selbst bezeichne mich in diesem Zusammenhang als unerfahrenes Opfer.

An einem wohltemperierten Frühjahrstag trafen mein Mann Thomas und ich eine folgenschwere Entscheidung. Ein schöner Ausflug mit Sami an einem schönen Tag rundet das verdiente Wochenende ab und trägt zur Erholung bei. Hätten mein Mann und ich den Ausflug alleine unternommen, wäre es wohl auch dazu gekommen. Sami johlte erstmal wieder auf der Rückbank des Autos und deshalb parkten wir den Wagen auch relativ schnell. Wir gingen den Waldpfad entlang, glücklich so den Gesangsdarbietungen unseres musikalischen Hundes zu entkommen. Der war ja jetzt mit Schnüffeln beschäftigt. Unverhofft fanden wir uns nach einer Weile in einem sogenannten Märchenwald für Kinder wieder. Große aus Plastik, Holz und Pappmaschee aufgebaute Märchenfiguren aus sämtlichen Horrorgeschichten, die uns als Kinder bereits den Schlaf raubten, waren dort zu sehen. Wenn ich nur daran zurückdenke wie ich, nachdem meine Mutter mir zum Beispiel das Märchen »Hänsel und Gretel« vorgelesen hatte, im Bettchen wach lag und mir vorstellte, wie die Hexe wohl nach dem Gebratenwerden im Ofen ausgesehen hatte, wird mir jetzt noch ganz anders. Auf der anderen Seite durfte ich Raumschiff Orion nicht sehen, damit meine kindliche Seele durch Außerirdische, wie ich in späteren Jahren zu sehen bekam, nicht beschädigt würde. Ne, ne, die Gebrüder Grimm und Konsorten haben mich traumatisiert und keine Außerirdischen, die aussahen wie Frösche! Außerirdische Frösche sind lustig, durchgebratene Hexen sind ein Graus!

Aber zurück zur Geschichte:

Ich lüge nicht – genau in dem Moment, als wir am Holzhäuschen aus dem Märchen »Der Wolf und die sieben Geißlein« angekommen waren, kam eine süße, kleine und vor allem lebendige, freilaufende Streichelzooziege um die Ecke. Sam war ja angeleint und zeigte auch keinerlei Anstalten, den bösen Wolf herauszulassen. Diese kleine, süße Ziege hatte wohl noch niemals in ihrem Leben schlechte Erfahrungen gemacht, außer, dass sie tagaus-tagein von Hunderten Händen gestreichelt wurde.

Also, ich würde wahnsinnig werden, wenn mich tagtäglich Hunderte von Leuten streicheln wollten. Vielleicht war die Ziege deswegen ja auch ein wenig geistig angegriffen, denn sie steuerte mit abgestumpftem Gesichtsausdruck geradewegs auf uns zu. Sie schnupperte dann herzallerliebst an der Schnauze unseres Wolfes Sam. Ich sage noch zu meinem Mann Thomas: »Guck mal, wie süß die beiden sich beschnuppern,« während der Blick auf das niedliche Häuschen vom Wolf und die sieben Geißlein fällt. In diesem Augenblick kommen auch noch die scheinbar einzigen Besucher, außer uns, um die Ecke. Es handelte sich um eine Großmutter mit ihrem circa sechsjährigen Enkel. Die Oma höre ich zu ihrem Enkelsöhnchen sprechen: »Jetzt schau mal Henry, wie süß die Streichel-Ziege und der Hund sich beschnuppern,« lacht und beendet die Ausführungen mit den Worten: »Du siehst Henry, es gibt auch liebe Wölfe bei den sieben Geißlein.« Während diese Großmutter mich anlächelt und ich sie und wir beide träumerisch in der Märchenwelt schwelgen, läuft bei unserem Wolf mit Namen Sam ein ganz anderer Film ab. Noch schnuppert er – die Neuronen seines wölfischen Gehirns feuern lustig vor sich hin und melden: »Vor uns steht eine Ziege. Eine Ziege gehört zu den Beutetieren, auch wenn sie so dumm ist, dass sie sich einfach beschnüffeln lässt, anstatt zu flüchten. Wir sind Neuronen eines Beutetiervernichters und werden jetzt unseren Körper auch danach handeln lassen.«

Von einem Moment auf den anderen, vor den Augen dieses unschuldigen Kindes, packte Sam den Hinterlauf der Ziege dann in sein weit geöffnetes Maul und ließ nicht mehr los.

Abrupt aus dem paradiesischen Seinszustand gerissen, hämmere ich wie verrückt auf Sam ein, damit er die Ziege loslässt. Thomas reißt an der Leine, die Großmutter schreit auf, das Kind schaut wie unter Hypnose auf den bösen Wolf. Sam missversteht die Situation vollkommen. Er glaubt, das gesamte Rudel wolle sich jetzt über die Ziege hermachen. Erst nach einer gefühlten Ewigkeit lässt er von der Streichelzooziege ab, wahrscheinlich um mir, dem Alphawolf, den Todesbiss zu überlassen. Zum Glück, offensichtlich unverletzt, erinnert sich die Ziege an ihre wildgeborenen Ahnen und entwickelt doch noch einen Fluchttrieb.

Sie entschwindet hinter dem Haus vom Wolf und den sieben Geißlein auf Nimmerwiedersehen. Ich sehe aus wie ein Wildschwein nach einem Suhlebad, da ich vollen Körpereinsatz gezeigt habe und alle Beteiligten stinken nach Ziege. Sam hielt noch ein Büschel Ziegenhaar im Maul und der arme Henry starrte immer noch unbeweglich auf den Hund. Es gab nichts mehr zu sagen. Darum flüchteten Thomas, Sam und ich den Waldpfad entlang zurück zu unserem Auto. Der Ausflug war beendet. Noch eine Woche später roch der Innenraum des Wagens nach Ziege. Für den kleinen Henry folgte wohl ein jahrelanges Aufarbeiten dieses Ereignisses. Ich sehe ihn vor meinem inneren Auge noch als Erwachsenen auf einer psychiatrischen Couch liegen und unter Tränen von seinem Kindheitstrauma berichten. Seine Oma hatte gelogen! Es gibt keine lieben Wölfe! Falls du das hier liest Henry, das alles tut mir wirklich leid.

Sami, Sami, solche und ähnlich ruppige Erlebnisse mit Beutetieren waren in deiner, sagen wir mal, Sturm und Drangzeit ein Lebensthema, nicht wahr?

Obwohl du heute nicht mehr so ausdauernd jagen kannst, deine Ohren weniger hören können und auch die Sehfähigkeit nachgelassen hat, würde ich keinem potenziellen Beutetier raten, sich hier blicken zu lassen. Der Riechkolben funktioniert noch ganz hervorragend und würde dir den Weg zum Sonntagsbraten schon zeigen. Und den Spaß am Fressen konnte dir auch das fortschreitende Alter bisher nicht nehmen.

Werde unseren Thomas heute Abend auf Beutefang in den örtlichen Metzgerladen entsenden, während wir schon mal den Grill anwerfen. Du wirst dann ewig lang um den Feuerplatz herumstolzieren, um den fleischlichen Fang gegen die neidische Umwelt abzusichern. Und dann kommt bald schon dieser wunderbare Moment, da du dein extra Stück Gesottenes in dein Mäulchen schieben kannst. Das sind die Momente, in denen es sich noch lohnt zu leben, auch in einem alten Körper.

Der Sommer zeigt sich in diesen Tagen von seiner prachtvollsten Seite. Im warmen, abendlichen Halbdunkel sitzt unser Menschen-Hunde-Rudel schweigend auf der Terrasse und hört in die Stille hinein.

Die Schattenfiguren der mächtigen Tannenbäume in unserem Garten kommen mir wie Freunde vor, die uns wohlwollend betrachten. Alles zelebriert den Augenblick. Wir atmen langsam und tief in die Nacht hinaus. Der Himmel hat den Vorhang der Sternenbühne weit geöffnet und lässt es zu, dass wir die Unendlichkeit ahnen dürfen. Zeit und Raum implodieren im Angesicht erhabener Schönheit. Welch ein Geschenk sind solche Momente und Sami ist dabei– immer noch. Ich frage mich, wie es sein kann, dass viele Menschen das Göttliche nicht erkennen. Sie suchen überall nach Beweisen für die Existenz oder Nichtexistenz eines Übergeordneten, welches das alles hier und anderswo erschaffen hat. Dabei braucht man einfach nur im Garten sitzen, das Herz und alle Sinne öffnen. Es ist in und um uns, dass was manche Gott nennen, jederzeit und immerzu. Kein Hauch eines Zweifels bleibt, wenn man auf diese Weise wahrnimmt. Wie lächerlich kommen Thomas und mir auch die Äußerungen ewig gestriger Verhaltensforscher vor, die da behaupten, Tiere lebten ausschließlich in der Gegenwart. Die Vorstellung von Vergangenheit und Zukunft sei nur der menschlichen Spezies vorbehalten. Ich gehe vertrauensvoll davon aus, dass unsere Tara und Sam keine Ausnahmen in einer absolut geistig tumben Tierwelt sind. Warum hat unser Sam Angst vor dem Tierarzt und Tara nicht? Na, weil Sam, anders als Tara, unangenehme Erfahrungen gemacht hat. Der Spruch aus Erfahrung wird man klug, gilt auch in gewisser Weise für solche Tiere. Und niemand will an dieser Stelle wohl ernsthaft bezweifeln, dass die Grundvoraussetzung, um Erfahrungen machen zu können, das Erinnerungsvermögen ist. Mein Eindruck ist, dass unsere Tiere sehr wohl wissen, was gestern geschah und zumindest gefühlsmäßig auch ahnen, was morgen sein könnte. Genau wie die Menschen werden sie durch Erfahrungen geprägt. Sie sind charakterlich genauso individuell, wie es Menschen sind. Selbst der berühmte und so pragmatische Charles Darwin formulierte einst, dass Tiere über ein Gefühlsleben verfügen, welches Freude, Wut und Trauer zulässt. Kann mir zum Beispiel bitte mal jemand erklären, wie ein Tier in der Lage sein soll, Trauer zu empfinden, wenn es sich an den Grund für diese Gefühlsregung nicht mehr erinnern kann, weil der irgendwie geartete Verlust bereits gestern geschah? Sicher glaube ich, dass Tiere vieles anders wahrnehmen als wir. Jedoch kann das auch ein Vorteil sein, denn sie können den Augenblick genießen und haben neben anderen Fähigkeiten damit weitaus weniger Probleme als wir. Was einige Forscher eigentlich im Detail damit meinen, wenn sie davon sprechen, dass Tiere nur im Augenblick leben, habe ich bis heute nicht in Erfahrung bringen können. Eine stichhaltige, exakte, wissenschaftliche Definition darüber, ist mir nicht bekannt. Ja, und ein persönlicher Erfahrungsbericht eines Tieres über sein ihm innewohnendes Lebensgefühl hat, meines Wissens nach, bisher auch noch nicht stattgefunden.

Sam erhebt sich und lässt den Kopf auf meinen Schoß sinken. Das macht er ganz kurz, als wolle er damit ausdrücken, dass er sich verabschiedet, um sich auf sein weiches Bettchen ins Haus zurückzuziehen. Das macht er dann auch tatsächlich.

Wenn ich die Aussage, dass Tiere nur im Augenblick leben mal wörtlich nehme, müsste mancher Verhaltensforscher jetzt aus seinen hart erarbeiteten Theorien heraus folgerichtigerweise behaupten, dass Sami-Trottel unmotiviert, wie von Geisterhand gesteuert aufsteht, aber dann nur registriert, dass er dumm in der Gegend rumsteht. So schnell er das mitbekommt, ist es bereits vorbei, denn er lebt ja nur im Augenblick. Weiterhin müsste behauptet werden, dass er sich wahrscheinlich noch unmotivierter, wohlmöglich von anderer Geisterhand bewegt, plötzlich mit dem Kopf auf meinem Schoß wiederfindet. Das ist er aber nicht in der Lage wirklich zu bemerken, weil der Augenblick auch schon gleich wieder vorbei ist. Genauso plötzlich befindet er sich auf dem warmen, weichen Deckchen, welches er aber auch nicht wirklich genießen kann, da er ins Land der Träume entschwindet. Na, ob Tiere mit solcher Lebensstrategie in der darwinschen Evolutionslehre lange eine Rolle gespielt hätten, wage ich zu bezweifeln. Außerdem, wenn man diese Gedanken konsequent zu Ende denkt, müsste Sam eigentlich sein Leben lang nur dumm in der Ecke gestanden haben, weil er obendrein keine Anhaltspunkte für das Ende seines kärglichen Augenblickslebens erkennen könnte – armer Hund!

Während ich so weiter nachsinne und natürlich zugebe, dass die vorgenannten Gedankengänge reichlich überspitzt zu sein scheinen, erinnere ich mich in diesem Zusammenhang an eine Begebenheit, die viele Jahre zuvor geschah, als ich mich mit meiner japanischen Schwägerin in ihrem Heimatland befand. Dazu muss ich ein wenig ausholen, um sie geistig darauf einstimmen zu können.

Meine Schwägerin mit Namen Jasuko lebte bereits einige Jahre mit meinem Bruder Günter – das ist der, den Sie bereits als Stadtwaldstolperer mit Bauchkrämpfen kennengelernt haben – in Deutschland. Ganz wie man es vom gemeinen Japaner her kennt, entwickelte auch diese Frau ein enormes Anpassungsvermögen gegenüber der deutschen Kultur. Ich beobachtete sie beispielsweise, mit Freude Sauerbraten essend. Den konnte sie nicht nur mit Inbrunst verspeisen, sondern wie es japanische Art ist, die Herstellungstechnik des rheinischen Bratens soweit verfeinern, dass dieser dem heimischen Gericht in seinem Geschmack fast noch in seiner Güte übertraf.

Während Jasuko Mengen davon, die ihre Körpergröße bei weitem überstiegen, in sich hineinschaufelte, sagte sie häufig in ihrem auch nach vielen Jahren 1A-Deutsch für weniger als Anfänger: »Das gemütlich Leben, das so schön.«

Eine Vielzahl typisch deutscher Gewohnheiten, mit Ausnahme der Sprache, nahm sie wie selbstverständlich in sich auf und machte sie zu einem Teil ihrer Persönlichkeit. Den anderen Teil ihrer Persönlichkeit sollte ich in Japan erst kennenlernen. Neben weiteren Begebenheiten während meines Aufenthaltes im Japanland, die ein eigenes Buch füllen würden, begab es sich, dass wir von Jasuko's Freunden in ein erstklassiges japanisches – japanisch versteht sich von selbst – Restaurant eingeladen wurden. Jasuko freute sich darauf, denn sie gestand mir, dass sie neben Sauerbraten auch sehr gerne mal Meeresfrüchte genießen würde. Versteht sich ja auch von selbst, denn sie war ja Japanerin und die essen eigentlich ständig irgendwas mit Fisch. Nicht ahnend, welche Abgründe sich mir noch an diesem Abend auftun würden, folgte ich ihr in das schicke Esslokal. Dort erwarteten uns bereits die Freunde mit viel japanischem Reiswein auf dem Tisch. Noch lange vor dem Essen flog alle zwei Minuten das japanische Wort »Kampai« durch die Luft, was soviel heißt wie Prösterchen. Am Ende des Abends, um das schon mal vorweg zu nehmen, war es mir ein bis heute ungelöstes Rätsel, wie so kleine Menschen soviel trinken können und trotzdem noch mit aufrechtem Gang das Ladenlokal verlassen. Was meine Person anging, so wähnte ich mich am Ende dieser Nacht in eher gebeugter Körperhaltung die Ginsa entlang schluffen. Vielleicht lag das aber auch weniger am Reiswein. Meine seelische Verfassung war nämlich leidlich angegriffen. Warum werden Sie sich fragen? Nun, nachdem sich alle lieben Freunde, außer mir, einig waren, dass alle gemeinsam, inklusive mir, Hummer bestellen wollten, nahm das Schicksal seinen Lauf. Eine Geisha in prächtigem Kostüm, aber so winzig, dass man sie kaum darin wiederfinden konnte, brachte ein großes Tablett an den Tisch, auf dem mehrere Hummer sichtbar wurden. Nachdem sie das Tablett abgestellt hatte, machte sich erstmal ein sehr japanisches Raunen breit, dass in sehr tiefer Tonlage von den Meeresfrüchte verwöhnten Einheimischen stammte. Dieses tieflagige Raunen wird immer dann zu hören sein, wenn der Japaner mit der ihm angebotenen Meeresfrucht besonders zufrieden ist. Während ich dem Raunen lausche und die Hummer betrachte, glaube ich, bereits zu tief ins Reisweinbecherchen geblickt zu haben, als einer der Hummer beginnt sich zu bewegen. Ich war felsenfest davon überzeugt, dass sie bereits gekocht worden wären. Wie kann ein toter Hummer nicht nur anfangen sich zu bewegen, sondern mittlerweile gefolgt von allen anderen toten Hummern über den ganzen Tisch krabbeln? Meine Schwägerin klärte mich in ihrem 1A. weniger als Anfänger Deutsch auf: »Du nicht soooo krank in Kopf. So machen normal Verkaufer. Frisch Hummer so zeigen normal.« Ich interpretierte diesen Satz dann so, dass sie der Meinung war, dass ich nicht sooo sehr krank im Kopf sei, um zu halluzinieren. Die Hummer lebten wirklich noch. Diese Vorgehensweise mit lebendem Getier wird vorgenommen, damit der Japaner ob der Frische der Ware raunen kann. Ok, ich beginne meiner Beobachtungsgabe wieder zu vertrauen. Während einer der Hummer sich dem Tischrand gefährlich nähert, fängt ein Jasuko-Freund denselben in dem Moment auf, als er sich in den Abgrund stürzen will. Das macht dieser Freund ganz beiläufig, derweil er mit der anderen Hand den Reiswein in sich hinein kippt und sein Mund mal wieder das Wort »Kampai« in die Runde wirft. »Jetzt könnte diese Geisha aber mal langsam die Tierchen abholen, um sie zubereiten zu lassen,« höre ich mich denken. Uns allen an diesem Tisch müsste doch nun ganz klar sein, dass es sich hier um frische Ware handelt. Die Hummer tun mir irgendwie leid. Habe sie ja sozusagen persönlich kennengelernt. Das ist keine gute Voraussetzung, wenn man sie genüsslich verspeisen möchte. Kurze Zeit später nähert sich die Geisha dann wieder, aber nicht, um die Wanderer auf unserem Tisch zu entfernen. Nein, sie bringt einen Tischgrill ins merkwürdige Spiel ein, stellt ihn zwischen den umherlaufenden Hummern ab und entfernt sich wieder. Daraufhin wird der Grill durch meine Schwägerin Jasuko höchstselbst in Betrieb gesetzt und der erste lebende Hummer auf den Grillrost platziert. Der beginnt erst langsam zu realisieren, dass der neue Ort seines Aufenthaltes vom warmen in den heißen Zustand versetzt wird. Aber dann beginnt er sich eindeutig zu wehren und springt vom Rost herunter. Fluchs reagiert meine Schwägerin und hebt das Tier wieder auf den heißen Grill zurück. Dabei hält sie ihn mit einer riesigen Gabel fest, damit er nicht wieder entwischen kann. Das Tier windet sich mit solcher Stärke, dass Jasuko Not hat, es auf seinem Platz zu halten. Die »Kampai«-Rufe der anderen Gäste ignorierend, rufe ich aus: »Jasuko – das Schmerz-schrecklich-langsam-Tod kommt – Itai-Itai« (Itai ist japanisch und heißt Schmerzen). Die anderen Tischgeladenen halten inne und starren mich an. Das Wort Itai ist ihnen ja geläufig. Jasuko erklärt, während sie den Hummer nicht aus den Augen und Händen lässt, den Anwesenden kurz, was ich für ein Problem habe. Die beginnen dann lauthals zu lachen. Später erfahre ich, dass sie dachten, ich hätte nur scherzen wollen. Ich halte diesen Zustand nicht länger aus und breche die Tierquälaktion abrupt ab, indem ich der Schwägerin die Gabel aus der Hand reiße und den Hummer vom Grill. Ich fordere Jasuko auf sofort die Bedienung zu rufen und Anweisung zu geben die Hummer in der Küche durch einen kurzen, schmerzarmen Tod zu erlösen. Jasuko erkannte, dass ich keinen Widerspruch zulassen würde und sie folgte meiner Forderung. Als die Serviererin die Tiere vom Tisch geräumt und die Wogen sich ein wenig geglättet hatten, erklärte mir Jasuko mit ihrem charmantesten Lächeln im Gesicht, dass Hummer keine Schmerzen fühlen könnten. Es sähe nur so aus, als ob sie Schmerzen hätten, weil sich durch die Hitze des Grills die Panzerung zusammenzöge. Ich bräuchte mir also eigentlich keine Sorgen machen. Jeder nur in Ansätzen zum Denken fähige Mensch weiß, dass, Amöben und Anverwandte mal ausgenommen, kein Tier ohne Nervensystem auskommt. Wie sollte sich ein Hummer in seiner Umwelt vor Gefahren schützen, wenn er unangenehme Situationen nicht wahrnehmen könnte?

Glauben sie nicht, dass Jasuko und Freunde ungebildete Leute seien. Teilweise leben sie einfach in einer Welt wie Pippi Langstrumpf und sehen sie, wie sie ihnen gerade gefällt. Andererseits sind sie vollkommen in die Neuzeit integriert und nehmen jede moderne Entwicklung gerne an. Dagegen ist es unvorstellbar für die Hummerbräter, Wildfleisch zu essen. Wenn sie das bei Deutschen beobachten, wird ihnen übel. Rehe, Hirsche und Compagnons können übrigens Schmerzen empfinden und sind nicht so nervlich unbegabt wie Hummer. Bei diesem denkwürdigen Dinner jedenfalls musste ich annehmen, dass ich in eine mittelalterliche Zeitschleife geraten war. Ich wollte wie ET, der Außerirdische, einfach nur nach Hause telefonieren. Aber seien wir doch mal ehrlich, solche oder so ähnlich haarsträubend dümmliche Ansichten sind nicht nur in der japanischen Kultur fest eingeschweißt. Auch bei uns und selbst unter Wissenschaftlern finden wir genügend Beispiele für, sagen wir mal, menschenunwürdiges, unintelligentes Verhalten, was ja sonst nur den Tieren zugeschrieben wird.

Intelligenz, sagte einmal ein Tierpsychologe, sei die Fähigkeit, sich auf neue Situationen einzustellen. Diese Fähigkeit findet man nicht bei allen Menschen. Wie sehen Sie das bei unseren tierischen Zeitgenossen? Ich würde sagen, dort ist es ähnlich wie bei uns. Den Begriff Instinkt dagegen erklärt man heutzutage mit einem Verhalten, dessen Ursache man nicht eindeutig erkennen kann, jedoch zielgerichtet und sinnvoll ist. Längst wurde wissenschaftlich erkannt, dass selbst das Alltags-Bewusstsein des Menschen eine gar nicht so große Rolle im Leben spielt, wie vormals gedacht. Die meisten Prozesse spielen sich auf unbewusster Ebene ab und dort werden die Entscheidungen gefällt, die uns als bewusstes Handeln vorgegaukelt werden. Forscher auf dem Gebiet der Neurobiologie konnten das beweisen. In einem Experiment mit etlichen Probanden wurde bestätigt, dass die als bewusst wahrgenommenen Entscheidungen der Teilnehmer, bereits zehn Sekunden, bevor diese getroffen wurden, im Gehirn ablesbar stattfanden.

Das sogenannte Unbewusste scheint der wahre Chef im Oberstübchen zu sein. Darüber hinaus wurde erforscht, dass die Gedankengänge von Menschen und Tieren so individuell wie Fingerabdrücke sind. Bei aller Ähnlichkeit gibt es unter den einzelnen Tieren und Menschen große Unterschiede in der Art der Wahrnehmung der sogenannten Wirklichkeit.

Keine Gedankenwelt gleicht der eines anderen, auch unter den Tieren ist das so. Dabei konnte bis zum heutigen Tage kein einziger Wissenschaftler wirklich durchschaubar machen, was eigentlich das Bewusstsein als solches ausmacht. Da muss man in philosophische Regionen verweisen und sieht ziemlich ratlos aus. Vor diesem Hintergrund mag ich leider mal wieder in die Welt hinausfragen, woher wir eigentlich die Zuversicht nehmen, auch nur ansatzweise zu glauben das Bewusstsein von Tieren verstehen und erklären zu können. Um das zu bewerkstelligen müssten wir erstmal in der Lage sein unser eigenes menschliches Bewusstsein in seiner Gänze zu verstehen.

Die unbequeme Wahrheit jedenfalls ist: Aus häufig unbewussten Gefühlen entwickelt sich das Denken, aus dem Denken das Handeln und aus dem Handeln in vielen Fällen das Schicksal. Tiere sind aus dem gleichen Holz geschnitzt, denn auch sie sind Gefühlswesen. Sie sind ausgestattet mit der Fähigkeit, Erfahrungen zu sammeln. Entweder erblüht oder welkt die Gefühlswelt und prägt das Denken und Handeln. Da kommt dann der liebe Hund, der sich streicheln lässt genauso daher, wie der, der Ihnen an die Gurgel springen möchte. Das Schicksal, welches aus solchen Handlungen erwächst, zeigt sich mit der Giftspritze für böse Hunde – Leckerli für liebe Hunde.

Der Unterschied zu uns Menschen besteht darin, dass die Todesstrafe, zumindest in Deutschland, vor langer Zeit abgeschafft wurde.

Auch wenn Tiere nicht reden, rechnen und schreiben, ändert das gar nichts an meiner Einschätzung. Wie viele Menschen sind dazu ebenso nicht fähig und werden trotzdem nicht als Tiere bezeichnet.

Franz von Assisi, dem nachgesagt wurde, er könne die Sprache der Tiere verstehen und trotzdem von der katholischen Kirche heiliggesprochen wurde, hatte bereits zu seinen Lebzeiten im 13. Jahrhundert erkannt, dass alle Lebewesen unsere Brüder und Schwestern sind. Es gilt nicht sie auszubeuten und zu unterjochen, sondern ihnen mit Respekt und Achtung zu begegnen. Franziskus fasste am Ende seines Lebens seine Überzeugungen im sogenannten Sonnengesang zusammen. Er schreibt hier unter anderem:

Gelobt seist Du mein Herr MIT ALLEN DEINEN GESCHÖPFEN!

Der Mann war selbst unserer heutigen Zeit meilenweit voraus.

Also, ich fang schon mal an mit dem Loben und streichele den Mitgeschöpfen Tara und meinem Mann Thomas, die immer noch mit mir auf der nächtlichen Terrasse wachen, über ihre hübschen Köpfchen und lobe auch noch mal die Sterne über uns. Aber jetzt wird es Zeit schlafen zu gehen, was Sam uns ja schon seit etlicher Zeit vormacht. …

Sam sucht seit geraumer Zeit für ihn ganz ungewohnte Plätze in unserem Garten auf. Ich glaube, er sucht momentan das Alleinsein. Er liegt oft lange an solchen Orten, unbeweglich, wie in Andacht versunken. Das Krafttanken, umgeben von spätsommerlicher Natur, dauert länger als noch vor einiger Zeit. Er sieht immer noch aus wie ein junger Hund. Wenn ich ihn vom Fenster unseres Hauses aus betrachte, wie er dort so friedlich auf seinem Rasenbettchen liegt, steigen mir Tränen in die Augen. Ich halte diese Momente wie einen wertvollen Schatz in meinem Herzen. Wie lange noch Sami – wie lange darf ich dich noch so sehen? Die Tränen sind nicht mehr aufzuhalten. Aus wenigen Tropfen entsteht ein See, aus dem See ein Meer, aus dem Meer ein Strahl der Liebe, der deine Seele erreichen soll. Dort ist mein Herz zu Hause und geht nie mehr fort. Als ob dich meine Gedanken und Gefühle berührt hätten, erwachst du auf deinem Rasenbett und läufst ins Haus zu mir, in diesem schnellen Trab, den du sonst nur zeigst, wenn es etwas zu Fressen gibt. Du kommst direkt auf mich zu, wedelst mit dem buschigen Huskyschweif und begrüßt mich, als ob wir uns seit Tagen nicht gesehen hätten. Ich beuge mich zu dir hinunter und küsse deine Stirn. Während ich nicht aufhören kann, zu weinen und zu lächeln, sage ich immer wieder den gleichen Satz: »Ich liebe dich-ich liebe dich-ich liebe dich … «

Du sammelst die Tränen mit deiner Zunge von meinen Armen und Händen – jede von ihnen eine Liebeserklärung an dich. Die raue, schwere, aufgepeitschte See meiner Seele beruhigt sich. Noch haben wir Zeit. Ich bete dafür, dass uns ein weiterer Herbst und Winter geschenkt wird. Ich wünsche mir, dass wenn du stirbst, der Schnee auf uns niederschwebt, als Symbol unserer Verbundenheit. Wie sehr lieben wir beide den frischen, unschuldigen Schnee. Möge dein Sterben friedlich und leicht wie dieses Weiß vom Himmel gesandt werden.

Und mögen die Worte von Leonardo da Vinci auch für dich Wahrheit werden.

»Wie ein gut verbrachter Tag einen glücklichen Schlaf beschert, so beschert ein gut verbrachtes Leben einen glücklichen Tod.«

Aus dem tiefsten Grunde meines Herzens – nichts anderes wünsche ich mir.

Schöne mit Leben gefüllte Tage gehen dahin. Dann Anfang November bekommst du den ersten Epilepsieanfall mitten in der Nacht. Deine Leber altert deinem jugendlich aussehenden Körper voraus. Sie kann die Eiweiße nicht mehr regelrecht verarbeiten. Aus diesem Umstand heraus entwickelt sich die Epilepsie.

In dieser Nacht rufen wir den Tiernotdienst herbei. Der ungeheure Bewegungszwang, den du nach einem solchen Anfall entwickelst, ist Neuland für uns.

Dumme Menschen am anderen Ende der Telefonleitung lehnen Hilfestellung ab, wenn wir nicht selbst in der Lage wären, dich zu ihnen zu bringen. Einen Transport in deinem Zustand – unmöglich. Nach langem Hin und Her finden wir dann doch noch einen Arzt, der bereit ist, zu uns zu kommen.

Wir wollen Dir helfen die Ruhe wieder zu finden. Der Tierarzt verwendet eine Spritze, die annähernd so groß ist, als wolle man damit ein Pferd behandeln. Später erfahren wir, dass er mit Großtieren sein tägliches Brot verdient. Deine Schreie gehen durch Mark und Bein, als er dir das Beruhigungsmedikament mit brutaler Hand verabreicht. Der Arzt sagt: »Es dauert jetzt noch ungefähr zehn Minuten, dann beruhigt er sich.« Die Dosis ist jedoch so hoch, dass fünf Minuten ausreichen, bis du dein Bewusstsein verlierst.

Der Arzt registriert die frühzeitige Wirkung seiner Behandlung mit der Bemerkung:

»Ungewöhnlich.«

Fast wärest du in dieser Nacht wegen der viel zu hohen Dosis an einer Atemdepression gestorben. Erst um die Mittagszeit des nächsten Tages ist dein Geist wieder vollständig unter uns.

Das Futter wird den neuen Verhältnissen angepasst. So werden Leber und Niere geschont. Die Abstände zwischen den Anfällen sind noch groß genug, sodass ich entscheide, dir keine Antiepileptika zu verabreichen. Sie würden deine ganze Persönlichkeit verändern und du würdest die Tage meist schlafend verbringen. Zwischen den Anfällen geht es dir gut. Epilepsie macht keine Schmerzen, außer vielleicht ein wenig Muskelkater. Antiepileptika belasten die Leber in starkem Maße und die soll noch geschont werden, solange die Anfälle nicht viel häufiger auftreten. Im Dezember rechnen wir schon damit, dass du wohl kein Jahr mehr leben wirst. Thomas kümmert sich bereits um den Ort, an dem du begraben werden sollst. Der Dezember brachte jedoch keinen Schnee.

Mithilfe der Homöopathie und deiner unglaublichen Kämpfernatur gelingt es dir, den Frühling zu erreichen. Es geht dir besser und besser. Einen Krampfanfall alle vier Wochen steckst du einfach so weg und genießt unbeschwerte Tage. Im Sommer bemerke ich, dass deine Hinterläufe an Kraft verlieren. Du kompensierst das mit den Vorderbeinen. Nach wie vor gehst du mit uns gemeinsam spazieren, allerdings zunehmend langsamer. Das Rudel passt sich deinem Lauftempo an. Unsere Tara geht meist, so wie du früher, voraus. Aber sie schaut immer wieder hinter sich und wartet auf uns. Ich lasse dich seit Beginn der Epilepsieerkrankung nicht mehr allein. Vierundzwanzig Stunden am Tag sind wir zusammen. Zum Glück kann ich von zu Hause aus arbeiten. Ich begleite dich, während du mich lehrst, wie man das macht. Mittlerweile geben wir dir auch Antiepileptika, da die Abstände zwischen den Anfällen kleiner werden. Das hilft eine Weile, aber die Müdigkeit nimmt zu. Die Müdigkeit ist der Schmerz der Leber.

Anfang Herbst bleibst du plötzlich während unseres täglichen Spaziergangs stehen und schaust mich an. Unsere Blicke treffen sich. Dein Blick ist willensstark und liebevoll zugleich. Ich versuche dich nicht zu bewegen mit uns weiter zu gehen. Ich weiß, dass du entschieden hast umzukehren. Wir gehen zurück nach Hause, so wie du es willst und mit deinem Blick mitgeteilt hast. Du und ich wussten, dass es unser letzter gemeinsamer Waldspaziergang sein sollte. Die Zukunft wartet mit neuen Wegen, auf denen ich dir nicht folgen kann.

Deine Kontrollgänge auf unserem Grundstück sind dir immer noch wichtig und mit behäbigem Schritt erfüllst du deinen dir selbst gewählten Job. Einmal noch sehe ich dich, dein Bällchen im Maul tragend, daherkommen. Seitdem liegt es verwaist auf dem Rasen.

Wieder stellt sich ein Anfall ein. Nach zwei Minuten ist er vorbei. Es fällt dir zunehmend schwerer, diese kraftzehrenden Minuten zu überspielen. Nach dem Epilepsieanfall hast du wieder diesen ungeheuren Bewegungsdrang. Damit du dich nicht im Garten verirrst, weil du danach erstmal kaum sehen und denken kannst, nehme ich dich dabei an die Leine und begleite dich. Thomas wechselt sich mit mir ab, wenn wir nächtelang so durch den Garten gehen – ganz langsam-, als ob wir meditieren. Manchmal regnet es dabei, denn der Herbst ist da und der Garten längst von Tausenden von welken Blättern erobert. Der Himmel treibt Ballonwolken vor sich her. Schnell macht er das. Ab und zu sehen wir den Mond durchscheinen und ich erinnere mich wieder an deine Jugendzeit. Damals auf dem Balkon der Mettmanner Wohnung haben wir gemeinsam den Mond angeheult. Es war eine sternenklare Nacht. Aus einer Weinlaune heraus warf ich den Kopf in den Nacken und begann, wie ein Wolf, zu heulen. Sami, du kamst sofort angelaufen, setztest dich neben mich und heultest mit. Dann kam noch Günter dazu und die Singing-Dream-Woolfes waren geboren. Uns war egal, was die Nachbarn dachten. Die hielten uns, glaube ich, sowieso für gaga. Auf direktem Wege hat sich keiner über eine Lärmbelästigung beschwert. Nur einer der Nachbarn, den ich mal auf der Straße traf, sagte: »Huskys können ja heulen wie richtige Wölfe.«

»Ich auch« lautete meine Antwort.

Nach Stunden des Umherlaufens findest du wieder in unsere Welt zurück.

Tara wird jedes Mal unsichtbar, wenn ein Anfall geschieht. Manchmal läuft sie bereits aus dem Zimmer, bevor sich dieser einstellt. Sie riecht die Krankheit und das langsame Sterben. Damit will sie nichts zu tun haben. Sie wird ihre bis dahin regelmäßige Läufigkeit einstellen, bis Sam nicht mehr bei uns ist. Die Tierheilpraktikerin, welche uns durch die Gabe von homöopathischen Mitteln bei Sam so geholfen hatte, erklärte mir dieses Einstellen der Läufigkeit dann auf ganz pragmatische Weise. »Da die Hündin erkannt hat, dass Sam als Deckrüde nicht mehr zur Verfügung steht, lohnt es sich naturbedingt nicht mehr läufig zu werden. Käme ein anderer, jüngerer Rüde daher, würde sie sofort wieder zur Verfügung stehen. Oder sie bekommt die Tage nicht, weil sie gestresst ist, da kranke Hunde in ihren Augen in einem Rudel nichts zu suchen haben. Oder es ist bei ihr ein Prozess im Gange« (damit umschreibt sie das Wort Krebserkrankung).

Diese Erklärungsversuche sind meiner Ansicht nach so sehr pragmatisch, dass dabei absolut kein Platz für eine tiefere Gefühlswelt bei Tara bleibt.

Dass mit dem Deckrüden, der zur Verfügung stehen müsste, kann schon mal nicht sein, da sie genau zehn Tage nach Sams Tod läufig wurde, ohne dass ein Hundemann auch nur in die Nähe unseres Refugiums gelangte. Zur Verfügung stand sie immer und jedem, auch als Sam noch lebte. Das soll es bei Menschen auch geben. Dass der Stressfaktor eine Rolle gespielt haben könnte, halte ich für sehr wahrscheinlich. Wer ist wohl nicht gestresst, wenn sich innerhalb der Familie Krankheit und Sterben einstellen. Mag sein, dass in freier Wildbahn die Anwesenheit von kranken, alten Hunden unerwünscht ist. Aber denken sie sich mal als Mensch in eine Freie-Wildbahn-Situation hinein. Essen ist Mangelware. Ganz nach Darwin: Nur der Stärkere überlebt. Wenn's dann ganz hungrig schlimm wird, was glauben Sie, wie lange es dauern würde, bis einer oder mehrere dieser menschlichen Wildbahn-Bewohner auf die Idee käme, die Alten und Kranken loszuwerden, damit der Rest des Menschenrudels überlebt?

Anderes Beispiel: Beim Untergang verschiedener Schiffe soll es zu dem Ausruf gekommen sein: »Frauen und Kinder zuerst von Bord!« Arme junge und alte Männer! Tierisches Verhalten gibt es eben auch bei uns. Jedoch bedeutet das doch noch lange nicht, dass wir, abgesehen von solchen Extremsituationen, nicht auch zu hehren Gefühlen fähig wären. Genauso verhält es sich meiner Meinung nach auch in Teilen der Tierwelt.

Wie ich bereits an anderer Stelle behauptet habe, sind Tiere in der Lage Erfahrungen zu machen. Taras Erfahrung über Sams langen Sterbeprozess hinweg war: »Egal wie moderig der Alte riecht, zu Essen gibt es hier in Hülle und Fülle. Auch wenn der lebende Tote seine Ecken und Kanten hat, so mag ich ihn doch irgendwie gern.«

Ich erwähne jetzt nur der Vollständigkeit halber, dass bei Tara kein Prozess, also Krebs, im Gange war.

Menschen sind zwar nicht in der Lage ihre Sexualität ein- und auszustellen, wie solch ein Tier, aber dennoch gibt es auch bei ihnen Zeiten, in denen es vorrangig um andere Dinge geht. Manchen menschlichen Frauen bleibt bei andauerndem Stress auch mal die Periode weg.

Außerdem, wenn in Ihrem Kreis ein geliebter Mensch den Sterbeweg geht, werden Sie wahrscheinlich auch ein wenig lustloser als sonst, oder?

Ja, und dann gibt es auch, ähnlich wie bei Tara, Menschen, die mit dem Sterben nichts zu tun haben wollen. Meine Schwiegereltern beispielsweise sind Anhänger dieser Lebenstheorie. Während Sam in jungen Jahren den auf der ledernen Couch sitzenden, weißhaarigen Schwiegerpapa mit stürmischen, verspielten Angriffen auf den Oberkörper folterte, und der sich das auch gerne und herzhaft lachend gefallen ließ, sprachen wir mal über das Thema Sterben.

»Sterben müssen wir alle mal,« – mit diesen Worten eröffnete mir der Schwiegervater Dieter seine geistige Welt. »Aber damit haben wir noch lange Zeit. Also lasst uns etwas Schönes erzählen.«

Die Schwiegermutter, Trudi genannt, wollte auch noch einen Kommentar beisteuern und erhob die Stimme sehr laut, damit sie auch gehört wurde. »Ich habe Angst vor dem Sterben!« Ich muss dem Leser noch kurz erklären, dass Trudi vor Jahren mal schwer erkrankt war, und glaubte sterben zu müssen. Ihr Ehemann, dessen Absicht es allezeit war sie, wie ein Gorillasilberrücken sein Weibchen, vor den Anfeindungen schlimmer Schicksalsschläge zu schützen, setzte daraufhin seine Lebenstheorie auch in die Praxis um und empfahl ihr mit dem Weinen aufzuhören, denn wenn sie stürbe, müsste er das auch. Und das alles würde passieren, weil er ohne sie nicht leben kann. Dementsprechend wurde durch ihn ein Sterbeverbot ausgesprochen.

Nachdem also Trudis Satz: »Ich habe Angst vor dem Sterben« in den Wohnraum gebrüllt war, erhob auch der Silberrücken seine Stimme und pfefferte zurück: »Jetzt fang nicht schon wieder mit dem Quatsch an, sonst musst du gleich wieder heulen.« Alsdann versuchte ich etwas zu der ziemlich knorrigen Situation beizusteuern, indem ich hinzufügte: »Ich habe weder Angst vor dem Sterben, noch vor dem Tod,« und begann von meinen Erfahrungen in einem Hospiz zu erzählen: »Sterben ist ähnlich wie eine Geburt. Eine werdende Mutter nimmt freimütig die Geburtswehen auf sich. Die Geburt kann unterschiedlich lange dauern. Es kann zu mehr oder weniger starken Geburtsschmerzen kommen. Es wird mit verschiedenen Mitteln versucht, die Schmerzen zu lindern. Es hilft, wenn die Geburt in einer liebevollen Atmosphäre stattfindet und am Ende gibt es da diesen nahezu heiligen Moment der Erlösung, dann, wenn das Kämpfen vorbei ist. Ich bezweifle nicht, dass es ein Leben nach der Geburt gibt. Manche Mütter bekommen sogar eine sogenannte Sturzgeburt, bei der alles so schnell geschieht, dass sie so gut wie gar keine Schmerzen empfinden. Auch diese Todesarten gibt es.«

Ich bemerke Trudi und Dieter hören mir zu. Dann meldet sich der Silberrücken Dieter und fragt mich: »Macht das mit dem Leben und Sterben für dich einen Sinn? Glaubst du wirklich an ein Leben nach dem Tod?«

Meine Überzeugungen möchte ich mit dem Erzählen eines schwedischen Märchens verdeutlichen, welches unser Burgfräulein Annerose mir mal aufgeschrieben hat. Es heißt: »Was ist das Leben?«

An einem schönen Sommertage war um die Mittagszeit eine Stille im Wald eingetreten. Die Vögel steckten ihre Köpfe unter die Flügel. Alles ruhte. Da streckte der Buchfink sein Köpfchen hervor und fragte: »Was ist eigentlich das Leben?« Alle waren betroffen über diese schwierige Frage. Die Rose entfaltete gerade ihre Knospe und schob behutsam ein Blatt ums andere heraus. Sie sprach: »Das Leben ist eine Entwicklung.« Weniger tief veranlagt war der Schmetterling. Lustig flog er von einer Blume zur anderen, naschte da und dort und sagte: »Das Leben ist lauter Freude und Sonnenschein.« Drunten am Boden schleppte sich eine Ameise mit einem Strohhalm, zehnmal länger als sie selbst. Und sagte: »Das Leben ist nichts anderes als Mühe und Arbeit.« Geschäftig kam eine Biene von einer honighaltigen Blume zurück und meinte dazu: »Das Leben ist ein Wechsel von Arbeit und Vergnügen.« Wo so weise Reden geführt wurden, steckte der Maulwurf seinen Kopf aus der Erde und sagte:

»Das Leben ist ein Kampf im Dunkeln.« Es hätte nun fast einen Streit gegeben, wenn nicht ein feiner Regen eingesetzt hätte, der sagte: »Das Leben besteht aus Tränen, nichts als Tränen.« Dann zog er wieder zum Meer. Dort brandeten die Wogen und warfen sich mit aller Gewalt gegen die Felsen und stöhnten: »Das Leben ist ein stets vergebliches Ringen nach Freiheit.« Hoch über ihnen zog majestätisch ein Adler seine Kreise. Der frohlockte: »Das Leben, das Leben ist ein Streben nach oben!« Nicht weit davon stand eine Weide, die hatte der Sturm schon zur Seite gebogen. Sie sagte: »Das Leben ist ein Sichneigen unter eine höhere Macht.« Dann kam die Nacht. Mit lautlosem Flug glitt eine Eule durch das Geäst des Waldes und krächzte: »Das Leben heißt die Gelegenheit nutzen, wenn die anderen schlafen.« Und schließlich wurde es still im Wald. Nach einer Weile ging ein junger Mann durch die menschenleeren Straßen nach Hause. Er kam von einer Lustbarkeit und sagte vor sich hin: »Das Leben ist das ständige Suchen nach Glück und eine Kette von Enttäuschungen.« Auf einmal stand die Morgenröte in ihrer vollen Pracht auf und sprach: »Wie ich die Morgenröte, der Beginn des kommenden Tages bin, so ist das Leben der Anbruch der Ewigkeit.«

All die verschiedenen Sichtweisen, die in diesem Märchen aufgeführt werden, sind das Leben selbst. Jedes in der Geschichte vorgestellte Tierchen findet auch in der Menschenwelt seine Entsprechung. Und die Morgenröte gehört dazu. Sie weist uns den Weg hinter den Horizont, wo das Leben, auch in anderer Form, ein unaufhörlich fließender, breiter Strom ist, der niemals versiegt.

Ich bin ja immer erstaunt, wenn ich höre, dass laut Albert Einstein das Universum unendlich und in sich geschlossen sein soll. Mittlerweile setzt sich unter Stringtheoretikern und Quantenphysikern sogar die Vorstellung vom Multiversum durch. Das oder die Universen sind endlich und unendlich zugleich. Dies wird wissenschaftlich ernsthaft diskutiert. Aber, wenn es darum geht, das individuelle Leben, welches ein Teil des Universums ist, auf gleiche Weise zu betrachten, erntet man häufig Unverständnis. William Blake, ein englischer Dichter der Romantik, sagte einmal: »Wenn die Pforten der Wahrnehmung gereinigt würden, würde alles dem Menschen erscheinen, wie es ist: unendlich!«

Das gilt meiner Einschätzung nach auch für die Lebewesen, die wir Tiere nennen und denen wir so ähnlich sind.

Trudi und Dieter halten es übrigens für möglich, dass es ein Leben nach dem Tod geben könnte. Aber bis es so weit ist, wollen sie lieber so tun, als ob es den Tod nicht gibt und stattdessen wieder was Schönes erzählen. Sie haben nämlich eine nette Sam-Geschichte aus dessen Sturm und Drangzeit zu berichten.

Ohne zu ahnen, wie anstrengend sich ihr Leben gestalten würde, waren sie bereit den eigenwilligen Husky für vierzehn Tage bei sich zu beherbergen. Thomas und ich planten nämlich eine Winterreise nach Lappland. Die Anstrengungen eines Fluges sollten Sam erspart bleiben. Thomas und ich hatten dabei nicht bedacht, dass Trudi und Dieter eigentlich über einen Huskyerfahrungsschatz von ca. 0,0 Prozent verfügten. Das sollten sie zu spüren bekommen. Sam erkannte innerhalb kürzester Zeit, dass er die beiden schnell in den Griff bekäme. Nachdem ihm aufgefallen war, dass jedes Mal, wenn er in die Küche lief und vor seinem Fressnapf stillstand, Trudi hinterher dackelte, um ihm wieder etwas zu fressen zu geben, hielt er sich immer öfter dort auf. Als wir aus Lappland zurückkamen, sah er aus wie ein aufgeblasener Luftballon mit Ohren und blauen Augen. Außerdem bemerkte Sam, dass er nur heulen brauchte und schon kamen die beiden Huskyahnungslosen angetrabt. Dabei domestizierte Sam seine Ersatzeltern auf feinste Weise. Heulte er vor dem Wohnzimmerschrank, war das der Aufruf: »Schokolade-sofort!« Heulte er direkt vor der Eingangstür, hieß sein Befehl: »Jetzt mit mir rausgehen!« Heulte Sam in der Nacht vor der Schlafzimmertür, hieß das Kommando: »Mich sofort mit ins Bett nehmen!« Die Nachbarn sahen Dieter derweil etwa zwanzigmal am Tag mit Sam das Treppenhaus hoch und runter stapfen und die Straßen auf und ab hecheln, während er den vollkommen haltlosen Hund nicht zu bändigen wusste. Dazu kam noch, dass die Schwiegereltern in einer sehr eng bebauten Düsseldorfer Wohngegend zu Hause waren und die Nachbarschaft etwa zwanzigmal am Tag durch die Fensterscheiben spickte, für den Fall, dass der irre Hund da draußen eventuell vor ihre Haustür pullert. Sowohl für Dieter und Trudi als auch für die Nachbarschaft waren es nervenaufreibende Tage. Nur Sam fühlte sich so richtig wohl. »Das waren die längsten vierzehn Tage unseres Lebens und ich habe tierisch grausame Schmerzen in Rücken, Hüfte und Knie vom ständigen Rumlaufen. In den wenigen Stunden, die ich in der Nacht schlafen durfte, nahm er mir auch noch den ganzen Platz im Bett weg!« beschwerte sich Dieter, als wir Sam wieder abholten. »Auch in der Nacht wollte er dauernd raus. Weil wir Wert darauf legten, dass der Hund mit dem Heulen aufhörte, bin ich immer wieder mit ihm die ganzen vier Etagen runter auf die Straße. Ihr wisst doch, wir haben hier noch nicht mal einen Aufzug.« Ich erkannte Ringe unter seinen Augen. Gefolgt von meinen mitleidigen Blicken humpelte Dieter in die Küche. »Ne, Kinder das kann ich nicht noch mal machen. Was sollen denn auch die Nachbarn denken bei der ständigen Heulerei. Wenn ihr in Urlaub wollt, müsst ihr euch einen anderen suchen, der auf diesen Hund aufpasst. Dafür bin ich einfach zu alt.« Trudi schob Sam derweil noch ein Stückchen Schokolade ins Mäulchen und sagte: »Aber süß ist er trotzdem.« Thomas und ich entschieden ziemlich schnell uns zu verabschieden, und erstmal Gras über die Sache wachsen zu lassen.

Glauben Sie mal nicht, dass Sami versucht hätte seine Domestizierstudien am Menschen bei uns zu Hause weiterzuführen. Dem war vollkommen klar, dass solche Feldversuche nur bei Dieter und Trudi durchführbar waren. Urlaube ohne Sami waren jedoch nun erstmal gestrichen.

Dann eines Tages las ich in der Zeitung, dass ein sogenanntes Pfötchen Hotel, ganz in der Nähe unseres Wohnortes, seine Pforten eröffnet hatte. Diese Tier Hotels sind mittlerweile ziemlich bekannt und an verschiedenen Orten der Republik installiert. Da wir zwar nicht häufig ohne Sam in den Urlaub fuhren, aber dennoch für den Fall der Fälle vorsorgen wollten, schien uns ein solcher Ort theoretisch, ich betone theoretisch, ein geeigneter Platz für Sami, gemeinsam mit anderen Hunden, ein paar Tage Hundeurlaub machen zu können. Eine andere Alternative schien uns auch unmöglich, da sich die Geschichten mit Trudi und Dieter in unserem Verwandten- und Bekanntenkreis eindeutig herumgesprochen hatten. Sie können sich gar nicht vorstellen, welche Fantasie Menschen entwickeln können, wenn es darum geht, äußere Umstände vorzugaukeln, derentwegen man gerade jetzt leider nicht in der Lage ist, einen Hund bei sich aufnehmen zu können. Wir kannten auch niemanden, der über mehr als 0,0 Prozent Huskyerfahrungen verfügte, und konnten die sich windenden Mitmenschen auch sehr verstehen.

Das gute an solch einem Pfötchenhotel war, dass hier der Erfahrungsschatz mit, sagen wir mal, etwas eigenwilligen Hundevertretern sicherlich groß genug war, um Unfälle jeglicher Art vermeiden zu können. Außerdem konnte man einen sogenannten Probetag absolvieren. Da würde sich dann zeigen, ob es unserem Sami dort auch gefällt.

Bevor wir dorthin aufbrachen, war ich so nervös wie eine Mutter, die ihr Kind das erste Mal in den Kindergarten bringt, – voller Sorge, ob es ihm dort auch gut geht und er Freude daran hat. Das Hotel machte seinem Namen wirklich Ehre. Wir fanden eine Rezeption vor und man zeigte uns verschiedene Zimmer, in denen die Langzeitgäste übernachten konnten. Da waren Einzelzimmer genauso vorhanden wie Mehrbettzimmer. Hinter dem Haus erstreckte sich eine riesige Anlage, auf der sich die Tiere austoben konnten. Ausgebildete Tiertrainer hielten die tierischen Gäste dabei in Schach und sogar einen Tierarzt beschäftigte dieses Hotel. Im Souterrain gab es darüber hinaus auch einen Hunde-Swimmingpool, indem ein paar Hunde ausgelassen rein und raus sprangen. Sami wirkte auf dem Rundgang durch das Haus sehr neugierig, und schien zu frohlocken. Nachdem unser erster Eindruck zufriedenstellend war, gaben wir ihn also für die Dauer eines Tages an der Rezeption des Hotels ab. Bereitwillig ließ Sam sich von einer netten Hundetrainerin wegführen.

Nun begann für uns das Warten auf das Ende des Tages. Bereits um die Mittagszeit hielt ich es nicht mehr aus und schnappte nach dem Telefonhörer, um mich nach dem derzeitigen Befinden meines Lieblings zu erkundigen. »Ach, sie sind die Besitzerin von diesem Husky. Ja, den kennen hier mittlerweile alle. Ja, der ist gerade – also machen sie sich keine Sorgen – ja, der ist gerade bei unserem Tierarzt. Ist aber nichts Schlimmes – ja, nicht so schlimm – dem wird nur ein bisschen das Ohr wieder zusammengenäht. Unser Tierarzt ist ein sehr guter Tierarzt. Also der kann gut nähen.«

Mich interessierte in diesem Moment weniger, ob der Tierarzt ein talentierter Schneider ist, sondern was da denn mit meinem Sami genau vorgefallen war. Außerdem wusste ich aus Erfahrung, die Sie liebe Leser mittlerweile ja mit mir teilen, dass man sich eher um den Tierarzt Sorgen machen musste, wenn er Näharbeiten an Sam durchführen wollte.

»Ja, also, – das war so, stotterte die Rezeptionistin ins Telefon. Zuerst war alles ganz normal mit ihrem Hund.« Sie hatten auf meine Warnlaute, bevor ich den Hund abgab, also nicht gehört. Da hatte ich bereits kundgetan, dass Sami EIGENWILLIG ist. Aber zurück zur Rezeptionistin: » ja, also er traf da einen anderen Gast unseres Hauses. Ein an sich sehr netter Collie. Den kennen wir schon lange. Also, da gab es noch nie Probleme. Ja und da mussten wir sie trennen.« Ich verstand, beim

Trennen ist dann versehentlich ein Stückchen Ohr am netten Collie hängen geblieben. »Werde ich meinen Hund und den nähbegabten Tierarzt in ganzen Stücken vorfinden, wenn ich bei ihnen vorfahre?« befragte ich die Dame am Telefon. »Selbstverständlich« antwortete sie.

Als wir Sami dann am Empfang des Hotels in Empfang nahmen, wies sein linkes Ohr ein weißes Pflaster auf. Der Tierarzt war nicht zu sehen. Der dachte wohl derweil, wie jeder Arzt, den Sami kannte, über den Berufswechsel nach. Die Worte der Angestellten des Hauses waren: » Ihrem Hund geht es gut, wie sie sehen. Da bleibt nur eine ganz winzige Narbe am Ohr zurück, die man gar nicht sieht.«

Auf meine Frage nach dem Befinden des netten Collies erfuhr ich, dass er zur Beruhigung und Erholung in ein Einzelzimmer abgeführt wurde und körperlich wohl keinen Schaden davon getragen hatte.

Später sah ich, Sams Narbe war so klein, dass man sie wirklich fast nicht erkennen konnte. Aber die Narbe meines Vertrauensverlustes in diese Form der Hundeaufbewahrung, zumindest für Sam, war zu groß, als dass ich es noch mal mit dem Pfötchenhotel versuchen wollte.

Ungefähr ein Jahr später starteten wir unseren allerletzten Versuch, für Sam eine geeignete Freizeitbeschäftigung für den Alltag, wenn Mutter arbeiten ging, zu finden. Ich erwähnte bereits am Anfang dieses Buches, dass der Laufdrang dieser Hunde sehr groß ist. Ich hatte es nur gut mit ihm gemeint, als ich in Düsseldorf nach einem Hundeabholdienst fahndete. Gemeinsam mit Vertretern seiner und anderer Art sollte er mehrere Stunden frei laufen können. Ein Mitarbeiter des Hundeausführdienstes versprach mir am Telefon, dass sie auf einem großen, umzäumten Gelände dazu auch Gelegenheit hätten. Einen Tag später stand ein stämmiger Mann dieses Dienstes dann vor der Tür. Draußen auf der Straße wartete ein anderer Mitarbeiter in einem großen Ladebus und man hörte von Weitem bereits das Bellen der wohl zahlreichen Passagiere herausschallen. Sam ging, wie so häufig, neugierig und bereitwillig mit und verschwand in diesem Ladebus. Beim Davonfahren kam es mir bereits vor, als ob die stetigen Belllaute der Insassen noch lauter geworden wären. Was sollte ich machen? Mir blieb nichts anderes übrig, als wieder mal auf die Hundeprofis zu vertrauen.

Am späten Nachmittag wurde Sam wieder abgeliefert. Auf meine Frage hin, wie der Tag denn so verlaufen sei, antwortete der Hundemann: »Das wird schon. Der muss sich nur noch ein bisschen eingewöhnen.« Sam schien, trotz der Normalität des abgelaufenen Tages, hoch erfreut wieder zu Hause zu sein. Er begrüßte mich so stürmisch, als wenn er den normalen Tag damit verbracht hätte, darüber nachzusinnen, ob er jemals wieder nach Hause zurückkommen dürfte. Irgendwie schien er mir erleichtert. Am nächsten Tag stand der stämmige Mann pünktlich wieder vor der Tür. Sam wollte sich nicht anleinen lassen und lief immer wieder vor der Leine davon. Mit Mühe konnte ich ihn dann doch noch einfangen. Der Herr verschwand wieder mit Sam im Transporter und mir kamen die ersten Zweifel, ob das alles so richtig war. Dann am Abend wieder das gleiche Bild – Sami freute sich zu Hause zu sein und der stämmige Mann schien mir erfreut zu sein, ihn wieder abgeben zu können. »Hat er sich heute ein Stück mehr eingewöhnt?« fragte ich den Herrn. »Passt schon«, war die knappe Antwort. Mehr war nicht zu erfahren, denn er hatte es eilig. Tag drei brach herein und Sam lief wieder vor der Leine davon. Als ich ihn endlich angeleint dem Hundeausführer übergeben wollte, weigerte Sam sich, auch nur noch einen Schritt nach vorne zu machen. Er stand da wie ein Steiftier ohne Knopf im Ohr und ließ sich zu nichts bewegen. Der Mann begann an der Leine zu zerren und ich sah in dessen Augen so etwas wie Wut aufsteigen. »Können sie mir mal sagen, warum mein Hund am ersten Tag gerne und bereitwillig mitgegangen ist und jetzt eindeutig anzeigt, dass er lieber hier bleiben möchte?« frage ich, während ich dem Herrn die Leine wieder aus der Hand nehme. »Sie scheinen kein Sympathieträger für meinen Hund zu sein.«

Die Augen des Hundeausführers bekamen schlagartig das Aussehen eines Höllenhundes. Dabei veränderte sich die Farbe seines Gesichtes geradezu puterhaft. Ich ahnte, jetzt platzt ihm der Kragen und so geschah es dann auch. Ich erkannte auffolgend, dass das recht normale Aussehen dieses Mannes vom Vortage wohl eine Alltagsmaske war, jedoch das puterhafte Höllenhundsgesicht eher seinem Charakter entsprach. Noch bevor er sein Mäulchen öffnete und losbrüllte, wusste ich,

warum Sami keine Lust auf diesen Hundegefangenenwärter verspürte.
Er hatte ihn einfach besser kennengelernt als ich. Die Wortkanonaden,
die sich aus dem Kauapparat des puterfarbigen Höllenhundes ergossen,
waren dann folgende:

»Jetzt wollen sie mir vorwerfen, dass ich mit dem Hund nicht richtig
umgehen kann! Das ist ja wieder typisch Hundebesitzer. Erst versauen
sie so einen Hund, weil sie nichts vom Abrichten verstehen und dann
schieben sie die Schuld auf mich. Seit zwei Tagen versuche ich, ihrem
verzogenen Köter Manieren beizubringen. So etwas wie den hab ich
noch nicht erlebt, in fünfzehn Jahren nicht. Der benimmt sich, als ob
er was zu sagen hätte. Wenn unsere Hunde Rechtsrumgehen sollen,
geht der linksrum. An die Leine hab ich ihn erstmal gelegt, während
die anderen freilaufen konnten – zur Belohnung für sein unverschäm-
tes Verhalten. Der Hund kann gar nichts richtig machen. Noch nicht
mal bellen kann der. Dafür aber Rumheulen, dass einem die Nerven
reißen. Nicht mal Sitz und Platz macht der.« Ich hatte mich zu diesem Zeitpunkt dazu entschieden, noch etwas mehr das Sprachfeuer
des Hundeexperten anzufachen. Während er kurz Luft holte, warf ich
keck dazwischen: »Wenn ich ihn freundlich bitte das zu tun, macht er
das bei mir.« Mein kurzer Beitrag half dem Profi noch mehr von seinem Seelenleben preiszugeben. Er schrie nun in weitaus höherer Tonlage: »Kapieren sie mal, dass ein Hund so erzogen werden muss, dass
er immer und bei jedem macht, was man ihm sagt.« Ich antwortete
darauf: »Es gibt ja auch Menschen, die machen immer, was man von
ihnen fordert und manchmal auch diejenigen, die eine eigene Meinung
haben. Auf sie jedenfalls würde ich auch nicht hören, wenn ich ein
Hund wäre.«

»Dann lassen sie mich mit ihrem bescheuerten Köter in Ruhe. Auf
das bisschen Geld kann ich verzichten.« »Das trifft sich gut, antwortete
ich, denn mein Hund und ich können auf ihre Dienste ebenfalls verzichten.« Ich schloss die Tür hinter uns und ließ Sami von der Leine.
Zum Spaß bat ich ihn Sitz zu machen, was er auch bereitwillig tat.
Gemeinsam genehmigten wir uns erstmal ein kleines Stückchen Schokolade. »Tja Sami, jetzt bleibt nur noch eine Möglichkeit uns genug

Raum zum Freilaufen zu verschaffen. Ein Haus muss her, umgeben von mehreren Tausend Quadratmetern Grundstück. Das zäumen wir dann ein und alle Pfötchenhotels und Hundeausführdienste dieses Landes können uns gestohlen bleiben. Und du, mein Schatzemann, bleibst, wie du bist, – ungebrochen, wölfisch heulend und lustig. Lass dich nicht von diktatorischen, menschlichen Brüllaffen einschüchtern. Die sind einfach zu dumm, um dich zu verstehen. Der menschliche Brüllaffe bleibt da, wo er ist, und geht in unsere Geschichte ein als der, mit dem der Wolf getanzt hat, und nicht umgekehrt.«

Nun ist es wieder November Sami. Die Anfälle häufen sich. Alle vierzehn Tage sind sie da, trotz Dosiserhöhung der Antiepileptika und du mit deinen mittlerweile fast fünfzehn Hundejahren gehst stoisch deinen Weg. Das morgendliche Aufwachen geschieht langsam. Während du noch mit geschlossenen Augen gähnst, lasse ich dir die Zeit, die du brauchst, um zu erwachen. Meine Hände, gefüllt mit all meiner Liebe, streicheln dir dabei über den Kopf, und wenn du dann aufstehen möchtest, helfe ich dir dabei, so gut ich es kann. Dann schleichen wir unsere Einfahrt hoch, denn häufig stolperst du auf dem buckligen Rasengrundstück, weil du die Beinchen nicht mehr so gut anheben

kannst. Der Maulwurf hat in diesem Jahr besondere Arbeit geleistet. Der Weg die Einfahrt hinauf ist eben und erleichtert dir das Vorwärtskommen. Immer mal wieder bleiben wir stehen, damit du dich zwischendurch etwas ausruhen kannst. Der Herbstwind bläst unerbittlich in unsere Gesichter. Er ist kalt. Du stolperst über einen verlorenen Stein. Ich helfe dir beim Aufrichten. Du steckst deinen Kopf zwischen meine Knie, wie du es so häufig in letzter Zeit machst.

Dann gehen wir weiter. Früher wären wir die Einfahrt hinauf getanzt, mein Schatz. Ja, tanzen war unser beider Hobby. Thomas spielte den Discjockey. Besonders das Lied »Sex-Bomb« von Tom Jones gefiel dir. Du fordertest mich dann immer zum Tanz auf und sprangst an mir hoch, während ich dich mit meinen Händen umfasste. So hüpften wir im Takt der Musik, du dein Mäulchen wie zum Lachen weit geöffnet und deine Augen glänzten. Das waren wohl die Vorläufer von Agility, diesem Mensch-Hunde-Tanz, welcher sich heutzutage immer größerer Beliebtheit erfreut. Ich hab so gern getanzt mit dir.

Zurück im Haus bekommst du erstmal dein Frühstück. Du willst das nicht. Es schmeckt nicht, weil da ein flüssiges Medikament zur Leberunterstützung untergemischt ist, welches selbst meine menschliche Nase zum Rümpfen bringt. Ich entscheide, Dir in den vielleicht letzten Wochen deines Lebens nur noch zu geben, was dir wirklich schmeckt. Dieses stinkende Medikament würde wohl auch in meinem Magen Verwüstungen anrichten. Wozu auch solch eine Arznei? – wir wissen doch, dass du ein alter Hund bist, der seinen Sterbeweg längst angetreten hat.

Ich erinnere mich an meine Hospizzeit. Einer der Bewohner hatte Lungenkrebs ohne Aussicht auf Heilung. Mit Sauerstoffschlauch in der Nase saß er mit mir in seinem Zimmer und wir schauten uns gemeinsam einen Boxkampf im Fernsehen an. Ich hatte Nachtdienst und die anderen Bewohner brauchten mich gerade nicht. Während wir da so saßen, rauchte der todgeweihte Herr eine Zigarette nach der anderen, niemals ohne auch mir jedes Mal eine anzubieten. Glauben Sie es oder glauben Sie es nicht – dieser Mann war glücklich mit seinen Zigaretten und dem Boxkampf. Er wusste genau, dass er davon bald schon noch schlechter Luft bekommen würde. Aber für diese kleine Zeit seines Glücklichseins nahm er die Konsequenzen gerne in Kauf. Die Aussagen der Ärzte interessierten ihn so gar nicht, von wegen »Rauchen schadet ihnen, lassen sie das doch lieber sein.« Der Mann machte das Beste aus seiner aussichtslosen Lage, indem er die verbliebene Zeit mit dem verbrachte, was ihm gut gefiel. Das war nun mal der entspannte Aufenthalt in seinem blaudunstigen Zimmer, während der Fernseher die Welt da draußen hereinholte, in der noch geboxt und gekämpft wird. Er hatte das Kämpfen weit hinter sich gelassen, welches zu seiner Entspannung noch einen guten Beitrag leistete. Sowohl der Arzt als auch das restliche Pflegepersonal waren erstaunt, wie lange dieser Mann noch unter ihnen blieb. Ich bin sicher, dass er so lange lebte, weil es ihm im Hospiz gut gefiel. Und so soll auch mein Sami die letzten Wochen seines Lebens wenigstens Freude am Fressen haben.

Wenn du mein Liebling deswegen etwas früher an deinem Ziel ankommst, sei es drum.

Jetzt heißt es, viel Spaß mit Leberwurst, Putenfleisch, Hühnchen, Koteletts, Schokolade, weiche Kaustangen, wann immer du möchtest.

Wie dankbar nimmst du dieses Angebot an und lebst dabei sichtlich auf. Bis zuletzt werde ich nicht bemerken müssen, dass es dir nach dem Genuss dieser Vergnügungen erheblich schlechter geht. Immer mal wieder zwischendurch geht es dir um einiges besser und ich kann dich sogar alleine in den Garten lassen. Dort drehst du unaufhörlich deine Runden. Nur für meine Augen sieht es so aus, als ob du dabei im Kreis gehst. In Wirklichkeit bringt dich jeder Schritt ein Stück weiter in Richtung Regenbogenbrücke. So nennen viele die Grenze zwischen dem Hier und dem Dort, wo nur den Seelen Eintritt gewährt wird. Die Körper bleiben im Hier.

Ab und zu höre ich dich nach mir rufen. Es ist dieser so vertraute Laut, der sich anhört wie ein lang Gezogenes: »Maaammmaaa«. Sofort eile ich zu dir in den Garten, um dich aus einer misslichen Lage zu befreien, die dich gefangen hält. Mal verirrst du dich unter dem Gartentisch und weißt nicht mehr, wie du dort hervor kommen sollst. Dann wieder finde ich dich unter unserer ältesten Tanne, der Burgfrau

Annerose aus einer Laune heraus mal den Rufnamen HALLEBULLE-KIKI gegeben hat. Dir fällt das Aufstehen schwer und du bittest mich um Hilfe. Zusammen schaffen wir das gut zu meistern. Wir sind wie ein eingeschworenes Team, zwischen das kein Blatt Papier passt. Dann hole ich dich zurück ins Haus. Dort willst du aber nicht lange bleiben, denn du brauchst diese endlosen Runden im Garten, um deinen Job des Loslassens zu erfüllen. Wieder und wieder öffne ich die Terrassentür für dich. Dann, wenig später, willst du ins Haus zurück. So geht das im Wechsel mittlerweile Tag für Tag. Ich denke, diese Terrassentür hätte es nie für möglich gehalten, dass Menschen sie so häufig auf die Probe stellen würden. Die Nächte verbringen wir bereits seit einem ganzen Jahr gemeinsam im Wohnzimmer – dein Bettchen ganz dicht an der Wohnzimmercouch, damit ich einen Anfall sofort bemerke, mit einer Gabe Anfallunterbrecher Diazepam zur Stelle sein kann und du nicht alleine sein musst. Tara stört das nicht, denn sie hat jetzt in der Nacht ihren Liebling Thomas ganz für sich allein in unserem Schlafzimmer. Thomas zeigt sehr viel Verständnis für die Situation und hilft mir, wann immer er es kann. Auch er hat Erfahrungen in der Sterbebegleitung, da er vor Jahren mit mir gemeinsam in einem Hospiz tätig war. Als Thomas einmal das ungezählte Rundendrehen unseres Hundes im Garten beobachtete, erinnerte er sich an einen Hospizbewohner, der ähnlich wie Sam die Bewegung brauchte, um das Loslassen zu üben. Dieser Mann, in mittlerem Alter, saß in seinem Rollstuhl am Hospiz-Küchentisch. Er war schrecklich unruhig und verweigerte die Nahrungsaufnahme. Er wollte nach Hamburg. Mehr war nicht von ihm zu erfahren. »Helfen sie mir. Ich muss nach Hamburg. Helfen sie mir hier raus.« Thomas war bekannt, dass dieser Herr unter einem Gehirntumor litt und ihn das Durcheinander in seinem Kopf plagte. Wie konnte man ihm nur helfen, ein wenig Ruhe zu finden? Thomas ging auf die Worte des Verzweifelten ein und sagte: »Ja, ich helfe ihnen gerne. Aber sie müssen mir den Weg nach Hamburg schon zeigen. Ich kenne den Weg nämlich nicht so genau.« Jetzt reagierte der Mann mit einem freudigen Blick und sprach: »Ja, ich zeige ihnen den Weg. Erstmal müssen wir hier raus.« Thomas lenkte den Rollstuhl aus der Küche hinaus und die beiden begaben sich auf den Weg nach Hamburg. »Jetzt müssen wir rechts runter,« leitete der Todgeweihte seinen Begleiter an. Thomas gehorchte jeder Aufforderung. Der Mann bemerkte nicht, dass sein Helfer mit ihm die ganze Zeit im Kreis lief, denn jenseits der Küche befand sich ein Atrium. Unter der verglasten Decke dieses Innenhofes konnte man stundenlang die benötigte Bewegung finden. Dabei war egal, ob man rechts oder links herum ging. Der Weg war immer der gleiche. Dem Mann hat das sehr geholfen und er wurde zunehmend ruhiger und entspannter. Er war auf seinem Weg. Irgendwann schlief er ein.

Am nächsten Tag konnte er auch wieder eine Kleinigkeit essen, denn er wusste, dass man körperlich gestärkt eine lange Reise antreten sollte. Danach ging es wieder Richtung Hamburg.

Später wollte er nicht mehr dorthin. Er wollte nur noch schlafen. Der große Schlaf ließ dann auch nicht mehr lange auf sich warten.

Diese Sterbebegleitungszeit hat Thomas und mich sehr geprägt. Wir waren einig, dass uns die Bewohner dort weitaus mehr gegeben haben, als wir umgekehrt zu leisten vermochten. Trotz all der individuellen Unterschiede, die das Sterben so mit sich bringen kann, haben wir gelernt, dass eines alle sterbenden Menschen verbindet. Sie sehen auf ihr bisheriges Leben zurück und erkennen, dass es nur um eines wirklich geht, nämlich um die Frage, »was habe ich aus meinem Leben gemacht?« Und das Beste im Leben war bei keinem von ihnen die Höhe ihres Bankkontos. Es ging immer um Beziehungen und Liebe. Da wo die Liebe fehlte, war der Tod ein schwerer. Da wo das Verzeihen sich selbst gegenüber anwesend war, da entstand ein heiliger Raum und der Tod war ein Leichter. Da wo Angehörige keine Kraft hatten, den geliebten Menschen gehen zu lassen, quälten sich Sterbende im Kampf gegen den Tod bis zur letzten Minute. Tröstlich war jedoch, auch in diesen Fällen löschte der Tod am Ende die Seelenschmerzen doch noch auf.

Wer den Tod nicht als Bruder erkennt, hat Schwierigkeiten seine Schwester vollständig mit Leben zu füllen. Solche Erfahrungen prägen den Blick auf das eigene Dasein und geben den noch Lebenden den wichtigsten Leitfaden in die Hand.

»Was du nicht willst, was man dir tut, das füg' auch keinem andern zu.« Das sagte meine Mutter manchmal zu mir. Sie meinte damit alle Mitgeschöpfe, nicht Menschen allein. Meine Mutter ist eine kluge Frau.

Eine andere kluge Frau ist meine Freundin Beate, die ich bereits in einem der vorherigen Kapitel dieses Buches kurz vorgestellt hatte. Sie ist diejenige, die von Zeit zu Zeit mit ihrem kleinen Sohn Janis bei uns auf Besuch ist. Janis war der, der mal von einem Hund gebissen wurde und den Tara und Sam von den seelischen Verletzungen geheilt haben. Nun, Beate ist von Beruf Krankenschwester und hat lange Jahre als solche in einem Krankenhaus gearbeitet. Zunehmend fühlte sie sich dort unwohl, weil kaum noch Zeit für die einzelnen Patienten verblieb und der Technik- und Einsparungswahn an diesem Arbeitsplatz den Rahmen ihres durchaus weiträumigen geistigen Fassungsvermögens bis auf das Äußerste strapazierte. Der Leitsatz »was du nicht willst, was man dir tut, das füg' auch keinem anderen zu« spielte in Beates Leben eine zu große Rolle, als dass sie diese Form der Patientenverwahrung länger mit ihrer Arbeitskraft unterstützen wollte. Es fand sich dann die Möglichkeit, in ein Hospiz ins Bergische Land zu wechseln. Dort arbeitet sie nun bereits seit mehr als sieben Jahren mit Freude, die ihr vormals abhandengekommen war. Ganz am Anfang, als sie vor der Entscheidung stand, diesen Hospizweg zu gehen, bezweifelte sie, ob sie die Kraft haben würde, das unaufhörliche Sterben in einem solchen Hause zu ertragen. Als sie sich dann doch zu diesem Schritt bereit erklärte und ihre ersten Erfahrungen machen durfte, löste sich die Angst sehr schnell auf. Anstatt Angst entwickelte sie Kreativität und noch mehr Einfühlungsvermögen für ihre Mitmenschen, als sie ohnehin schon besaß. Sie lernte auch, dass man in einem Hospiz Leben vorfindet, das manchmal noch intensiver gelebt wird als anderswo und, dass man dort auch herzhaft mit den Bewohnern lachen kann. Beate verfügt über eine wunderschöne Gesangsstimme, mit der sie an besonderen Tagen gemeinsam mit ihrem befreundeten Pianisten mit Namen Steve für die Bewohner und Angehörigen des Hospizes harmonische und friedliche Stimmung schafft. Auch auf Beerdigungsfeierlichkeiten lässt sie ihre engelhafte Stimme erklingen und kaum jemand bleibt davon unberührt.

Tagein und tagaus bewegt sie sich am Rande der Regenbogenbrücke. Sie hilft mit ganzer Kraft, den Menschen die besten Voraussetzungen für einen guten Übergang zu schaffen. Dabei wird ganz individuell auf die Bedürfnisse der einzelnen Menschen Rücksicht genommen. Natürlich gibt es auch in einem Hospiz mal Probleme und Schwierigkeiten, wie überall, wo Menschen zusammenkommen. Es ist jedoch leichter Probleme zu lösen, wenn die Menschen schwierige Situationen mit gegenseitigem Respekt und Achtung voreinander angehen. Die Brüllaffenmethode, die zum Beispiel unser Sam bei diesem legendären Hundeausführdienst erleben musste, hatte ja noch nicht mal bei ihm Wirkung gezeigt. Beate hat jedenfalls erkannt, dass alle Menschen verschieden und doch gleich sind. Gleich in ihrem Streben nach Liebe und Verständnis und verschieden, wie Raucher und Nichtraucher, Menschen, die gerne malen oder nicht gerne malen, Menschen, die gerne reden oder nicht gerne reden, Menschen, die es lieben umarmt zu werden und solche, denen das unangenehm ist.

Sie hat allerdings auch festgestellt, dass sich sowohl Abneigungen als auch die Vorlieben der Hospizgäste jederzeit ändern können. So wurde schon mal aus einem verschlossenen und wortkargen Menschen am Ende ein viel redender Wasserfall und aus einem vermeintlich Unbegabten ein richtig guter Maler. Auch solche, die ihr ganzes Leben eher vom distanzierten, zurückhaltenden Typ waren, konnten irgendwann plötzlich nicht mehr an sich halten und umarmten Angehörige, die gar nicht wussten, wie ihnen geschah. Da wo Akzeptanz, Respekt und Zuneigung die Oberhand haben, sind die Schleusen für Wunder weit geöffnet und können jederzeit geschehen. Das gilt nicht allein für diejenigen, deren Tod in absehbarer Zeit bevorsteht. Das gilt für jeden Menschen, egal, auf welcher Lebensstufe er sich gerade befindet. All das hat Beate gelernt und gibt diese Einsichten auch liebevoll an ihren Sohn Janis weiter. Vor diesem Erfahrungshintergrund hat sie auch nicht das schlechte Erlebnis mit einem bissigen Hund zu einer Hundevermeidungsstrategie verbogen und alle Tiere mit Zähnen im

Maul als potenzielle Attentäter angesehen. Nein, sie lehrte Janis, dass man ebenso jedem Tier Respekt entgegenbringen sollte und sich nicht einfach gedankenlos auf es stürzt, nur weil es so niedlich aussieht. All die hier genannten Weisheiten fanden einmal auf eindrückliche Weise Ausdruck in einem Lied, welches Anfang der achtziger Jahre durch die Interpreten Hoffmann & Hoffmann veröffentlicht wurde. Der Autor war Volker Lechtenbrink. In diesem Text findet man die Zeilen:

Wir waren wie verwöhnte Kinder. Jeder dachte immer nur an sich. Rücksicht – keiner hat das Wort gekannt und Nachsicht, die keiner bei dem anderen fand und Vorsicht, dass nie zerbricht, was uns verband. Einsicht, dass jeder seine Fehler hat und Weitsicht – das Leben findet nicht nur heute statt und Vorsicht, dass man den anderen nicht zerbricht.

Einfacher und wahrer geht es nun wirklich nicht.

Rücksicht, Nachsicht, Vorsicht, Einsicht, Weitsicht – das sind die Leitworte. Beate und ihre Kollegen stellen sich dieser Herausforderung jeden Tag. »Ich habe auch gelernt, dass es sowohl bei der Arbeit als auch im Privatleben wichtig ist, die eigenen Grenzen gut zu kennen und gegebenenfalls für diese selbst einzutreten, wenn kein anderer wahrnimmt, dass sie übertreten werden,« sprach Beate. Ja, liebe Freundin – da kann es vorkommen, dass man auch mal rechtsrum geht, anstatt mit der Mehrheit gemeinsam den linken Weg einzuschlagen. Wie das geht, hat Sami uns beim Brülläffchen ja auch auf so delikate Weise vorgemacht.

Bei Menschen, die ihre eigenen Grenzen gut kannten und mit der Gabe der Sensibilität ausgestattet waren, war Sami ein liebevoller und verständnisvoller Begleiter. Für alle anderen ein, sagen wir mal, humorvoller Lehrer. Seinen Humor hat nur leider nicht jeder so gleich verstanden. Mein Freund Georg war zumindest einer, der eine Menge Einfühlungsvermögen mitbrachte und liebevoll genug war, sodass Sami ihm bei gelegentlichen Spaziergängen an den Rheinauen in Düsseldorf weniger Probleme machte.

Nur die Fähigkeit des Grenzenaufzeigens fehlte Georg und da zeigte ihm Sam eben öfter mal, wie stark er an der Leine ziehen konnte. Bei mir ging er wie ein wohlerzogener Hund, aber ich hatte in diesem Punkt ja auch schon genug Erfahrungen gemacht. Es gab nur eine Sache in Sami's Verhalten, die unverhandelbar und unumstößlich feststand. Wenn sein Jagdinstinkt ausbrach, gab es kein Halten mehr und da hörte er auch nicht auf mich. Deshalb war das Ausführen an langer Leine absolut notwendig, um Schaden von ihm und potenziellen Beutetieren abzuwenden.

Jedenfalls zerrte Sam Freund Georg schon mal im Zickzack-Galopp das Rheinufer entlang. Georgs Kommentar dazu lautete in seinem niedlichen, polnischen Akzent: »Marina, Sam sieht mich nur als Hindernis am Ende der Leine.« Dann lachte er mit seinen großen, tiefbraunen Augen und diese verrieten mir, dass er Sam nicht nur verzieh, sondern auch, dass er ihn bewunderte, weil der immer wusste, was er wollte und zielstrebig verfolgte, was ihm wichtig war.

Georg war zu dieser Zeit genau das Gegenteil von Sam. Er war das, was man den ewigen Studenten nennt und unsicher, wie er diese harte Welt, in der er lebte, meistern sollte. Er verriet mir, dass er sich auf den Spaziergängen ab und zu mit Sam unterhalten hat. Da der nur aufmerksam zuhörte und nicht ständig, wie es viele Menschen zu tun pflegen, ungefragt dazwischenquatschte, hatte Freund Georg auch genug Zeit sich mit der Lösung seiner Studentenprobleme zu beschäftigen, wenn sie mal auf einer Sitzbank eine kleine Pause einlegten. Heute ist er Diplom Ingenieur und steht mit kinderreicher Familie mitten im Leben. Er sagte mir, dass er häufig an diese Zeit mit Sam zurückdenkt und es trotz Zerrereien auf dem Trottoire eine schöne und lustige Zeit war. Der Mann hat Sams Humor.

Nun bricht der Dezember in unseren Garten ein. Wir erleben extrem kalte Tage und Nächte. Die Temperaturen sind zu niedrig, um dem Schnee zu erlauben auf uns nieder zu schweben. Wie lange noch? Deine Hinterläufe sind erheblich schwächer geworden. Mitten in der Nacht schaffst du es dennoch, dich selbstständig zu erheben und weckst mich auf mit einem zarten Nasenstupser in mein Gesicht. Sofort schnelle ich hoch und bin hellwach. Mein Schlaf ist schon lange kein tiefer mehr. Du willst mir mitteilen, dass du dringend ein Geschäft verrichten musst. Bevor wir die Terrassentür erreichen, ist es bereits geschehen. Es kommt einfach über dich – zu spät den Garten aufzusuchen. Es ist dir schrecklich unangenehm. Das zeigst du mir mit all deinen zur Verfügung stehenden Gesten. Während ich das Malheur entferne, stellst du dich mit dem Kopf voran in eine Ecke des Zimmers, den einst so stolzen Schweif zwischen die Beine geklemmt. »Ach mein Liebling – ist doch nicht schlimm. Du hast nichts falsch gemacht, mein Engel. Gleich sind alle Spuren verschwunden. Alles ist gut.« Ich gehe zu ihm. Bereitwillig lässt er es zu, dass ich seinen Kopf in meine Richtung wende und ich biete ihm wieder den geborgenen Raum zwischen meinen Knien an. Dort beruhigt er sich wieder und erkennt, dass ich ihm nicht böse bin. Früher war ich noch dümmer und nicht in der Lage so ein verunglücktes Geschäft wegzuräumen, ohne mich dabei fast übergeben zu müssen. Du, mein Freund, hast mich gelehrt selbst dies ohne Ekelgefühle leisten zu können. Meine Liebe zu dir ist viel größer, als alle anderen Gefühle, zu denen ich fähig bin. In meinem Herzen umarme ich nicht deine Seele allein, sondern alles an dir und alles von dir. Auch die Ausscheidungen deines Körpers gehören dazu. Ach, – dieser wunderbare Körper, der dir so viele Jahre gedient hat und es verdient, dass ich ihm jetzt bei seiner Arbeit ein wenig behilflich bin.

In letzter Zeit frisst du nicht mehr so ausgiebig. An manchen Tagen nimmst du gar nichts zu dir – dann wieder etwas mehr. Du schläfst auch tagsüber häufiger, als noch vor einer Weile. Manchmal schläfst du so fest und tief, dass du noch nicht einmal bemerkst, dass der Postbote an der Tür klingelt. Auch dein Gehör hat sehr nachgelassen. Meines scheinbar auch, denn oft bemerke ich deine leisen Schritte nicht, die du unvermittelt auf mich zu machst, wenn ich in der Küche stehe und den Abwasch mache. Plötzlich habe ich dann das Gefühl, dass du hinter mir stehst. Ich drehe mich um und tatsächlich, heimlich hast du dich zu mir geschlichen. Dann lasse ich ab von unwichtigen Dingen, wie dem Abwasch, und lasse deinen Kopf in meiner Armbeuge ruhen, während ich mit der freien Hand deine samtweichen Ohren streichele. Diese Momente dauern länger, als noch vor Wochen.

Dann gehst du zurück auf dein Bettchen. Der Schlaf besucht dich wieder. Das ist gut. Le petit frerè de la mort, wie man es so schön in der französischen Sprache ausdrücken könnte, – der kleine Bruder des Todes. Ab und zu schaue ich dir beim Schlafen zu und kann beobachten, wie du träumst. Manchmal schmatzt du vor dich hin, so als ob du gerade träumst, etwas besonders Gutes zu fressen. Dann wieder erkenne ich, dass deine Vorderfüße sich bewegen. Läufst du gerade über eine saftige, grüne Wiese umgeben von wohlriechenden, farbenprächtigen Blumen? Oder jagst du einem Kaninchen hinterher, dass dir den Weg zur Regenbogenbrücke zeigen will? Tiere träumen – das Träumen ist ein kreativer Vorgang. Forscher des Massachusetts Institute of Technology haben herausgefunden, dass selbst so kleine Biesterchen wie Ratten in den sogenannten REM-Phasen (Rapid-Eye-Movement) das Erlebte verarbeiten. Auch sie träumen. Das gilt für fast alle Säugetiere außer dem Delphin. Der muss beim Schlafen darauf achten, rechtzeitig an die Oberfläche zu schwimmen, um Luft zu holen. Er schaltet im Schlaf einfach jeweils eine Gehirnhälfte in einen Standby-Modus, mit der anderen passt er auf, dass ihm nicht die Luft wegbleibt. Das beweist in meinen Augen aber nicht unbedingt, dass ein Delphin gar nicht zu träumen in der Lage ist. Es beweist höchstens, dass die Messungen der Wissenschaftler auf diesem Gebiet auf Grundlage der beim Menschen ablaufenden Traumspuren erfolgen. Vielleicht hat der Delphin ja andere Möglichkeiten, um zu träumen, die wir Menschen gar nicht in der Lage sind nachzuvollziehen. Und das, weil wir immer von den Beobachtungen der REM-Phasen beim Menschen ausgehen müssen. Warten wir mal ab, was man in einigen Jahren zu diesem Thema sagen wird. Ich weiß nur, dass Menschen auch mit offenen Augen träumen können. Das habe ich während meiner Schulzeit bei so manch langweiliger Lehrkraft ausgiebig geübt. Wenn mir beim Träumen die Luft ausgegangen wäre, dann hätte ich das gemerkt und wäre wie ein Delphin kurzzeitig mal wieder aufgetaucht, um Luft zu holen. Vielleicht können Delphine ja erst recht mit offenen Augen träumen. Zurzeit glauben Wissenschaftler jedenfalls, dass die Fähigkeit zu träumen im direkten Zusammenhang mit der Säugetierzugehörigkeit und der Größe des Gehirns zu sehen sei. Denn der Mensch hat die längsten REM-Phasen im Schlaf und natürlich seine Brüder die Affen. Mir beweist das nur, dass Menschen und Affen sich nicht nur im Alltag, sondern auch im Schlaf sehr ähnlich sind. Und was soll eigentlich immer noch dieser Größenvergleich von Gehirnen in Bezug zum Leistungsvermögen eines Lebewesens? Das Hirn der menschlichen Frau ist kleiner als das Hirn eines Mannes. Da gab es Zeiten, in denen behauptet wurde, dass allein deshalb eine Frau in einer Universität nichts zu suchen hätte. Intelligentes und kreatives Verhalten ist vollkommen unabhängig von der Größe des Gehirns. Selbst unter Insekten ist das zu beobachten. Und deren Gehirn ist ja wohl ziemlich klein im Vergleich zu dem menschlichen. In der Welt der Ameise erscheint deren Gehirn jedoch erstens ziemlich groß im Vergleich zu ihrem Körper und zweitens extrem intelligent ausgerichtet, um ein Ameisenleben erfolgreich zu bewältigen. Spannend im Zusammenhang mit den Deutungen der Forschung ist auch, dass, obwohl die Größe des Gehirns als Maßstab für ein Traumgeschehen angesehen wird, dennoch gleichzeitig erkannt wurde, dass auch viele Vogelarten über REM-Phasen verfügen und deshalb eindeutig träumen. Hier spielt scheinbar die Größe des Gehirns keine Rolle für die Fähigkeit des Träumens. Wissen die Herren Gelehrten denn nicht, wie klein so ein Spatzenhirn ist?

Die Hirnströme des gemeinen Schnabeltiers zeigen übrigens Ähnlichkeit mit denen von Menschenbabys und der Delphin ist ein Säugetier mit einem größeren Gehirn, als das eines Vogels. Ein Vogel ist kein Säugetier und zeigt kürzere REM-Phasen als ein Mensch. Na und?

Bald schon feiern wir zum fünfzehnten Mal das Weihnachtsfest miteinander – falls du dann noch bei uns bist. Ich habe das Gefühl, das hast du dir noch vorgenommen. Wie jedes Jahr werde ich erstmal mit meiner Mutter darüber diskutieren, ob wir etwas anderes als in all den vergangenen Jahren kochen werden. Dabei stellen wir einander jede Menge Alternativkochrezepte vor. Nach mehrwöchigen Verhandlungen werden Mutter und ich wieder so tun, als ob es doch die beste Entscheidung sei, wieder das gleiche Gericht zu kochen wie im letzten Jahr. Das ist unser beider Ritual und am Ende müssen wir jedes Mal herzhaft lachen. Dieses ernsthafte »so tun als ob« hat in unserer

Familie einen ähnlichen Stellenwert, wie der neunzigste Geburtstag zu Silvester im Fernsehen. Da weiß man ja auch bereits, wie die ganze Geschichte mit dem Buttler verläuft, und muss doch immer wieder darüber lachen. Sami hat in all den Jahren, die er bei uns war, zu Heiligabend eine große Kiste aus Pappkarton geschenkt bekommen, mit Weihnachtspapier umwickelt und mit Geschenken gefüllt. Darin fanden sich ein Kauknochen, kleine Bällchen und ein großer Fußball, den Günter, der Stadtwaldstolperer mit Bauchkrämpfen, dazugesteuert hat. Jedes Geschenk war noch mal extra mit Papier umwickelt. Zwischen diesen Freudespendern fand sich wiederum ganz viel Papier, denn Sami liebte es erstmal nach den Geschenken suchen zu müssen. Das Motto lautete: »Erst der Duft – dann die Sicht, Vergnügen folgt und kein Verzicht.« Während die Familienmitglieder noch beim Sauerbratenessen waren, (jetzt wissen Sie auch, wie die alljährliche Entscheidung bezüglich Festessen ausfiel) saß Sam starr, wie eine Galionsfigur, vor der Tür, hinter der sich sein Kisten-Geschenk verbarg. Der war so aufgeregt wie ein kleines Kind vor der Bescherung. Zwischenzeitlich verschaffte er sich nervale Entladung, indem er kurz wölfisch aufheulte – aber nur ganz sporadisch. Er wollte so kurz vor dem Ziel keinen Fehler machen. Böse Kinder bekommen ja angeblich keine Weihnachtsgeschenke. Und wenn es dann endlich soweit war, verwandelte sich unser mit viel Einsatz dekoriertes weihnachtliches Wohnzimmer in ein Schlachtfeld. Zunächst stürzte Sam sich auf den Karton. Pappfetzen flogen in die Luft und feierten dort mit zerrissenem Weihnachtspapier Hochzeit. Dann folgte der Papiervorrat aus dem Inneren der Kiste. Das war in jedem Jahr ein Weihnachts-Papier-Massaker. Sam und die Familie hatten dabei immer einen Heidenspaß. Das Allergrößte für Sam war dann noch der große Fußball und den galt es mitleidslos zu killen. Innerhalb von Sekunden hatte er mit seinen Reißzähnen den Ball durchbohrt und kehrte im wahrsten Sinne des Wortes das Innere nach außen. Dann strahlte er vor Freude und ich weiß nun ganz genau, wie ein Fußball von innen aussieht.

Tara hingegen war weder ein Freund von Fußbällen noch von explodierenden Kisten. Sie hielt sich wohl für zu damenhaft, um solchen

Hobbys nachzugehen. Stattdessen beobachtete sie das Schauspiel und hielt ihr Mäulchen sicherheitshalber halb geöffnet, für den Fall, dass jemand von uns ihr noch etwas Leckeres ins Mäulchen schieben wollte.

Im fünfzehnten Weihnachtsjahr lassen wir es ruhiger angehen, Sami. Die Kisten-Zerreis-Zeiten sind vorbei und du wirst dich mit einer weichen Kaustange auch zufriedengeben. Um solch einen Pappkarton zu erlegen, braucht man Kraft und soviel Kraft ist nicht mehr übrig.

Bruder Günter und »Kotelett-Oma« verbringen Heiligabend diesmal wieder bei uns in der Eifel, auch weil wir dir das Reisen im biblischen Alter ersparen wollen und in Düsseldorf bei der »Kotelett-Oma« kein Garten zur Verfügung steht. Schließlich musst du mittlerweile mindestens zweimal in der Nacht ausgeführt werden, weil dein Bläschen schwächelt.

Thomas und ich rechnen damit, dass Sam wohl um die Weihnachtstage herum wieder einen Epilepsieanfall haben wird. Man kann fast die Uhr danach stellen. Alle neun bis vierzehn Tage sind die Abstände dazwischen. Dabei dauert der Anfall nur wenige Minuten. Doch die Erholungsphasen dauern inzwischen lange. Genau drei Tage vor Heiligabend geschieht ein Anfall. Das erste Mal mitten am Tag. Das bedeutet, dass wir Weihnachten mit hoher Wahrscheinlichkeit anfallsfrei sein werden. So können Sami und wir das Fest gemeinsam ein letztes Mal so richtig genießen.

Sam blüht an Weihnachten noch mal sichtlich auf, als der Duft von gekochten Markknochen in seine Nase steigt. Er bekommt alles, was er möchte. Das Knochenmark und selbst ein Stück Sauerbraten lässt er sich schmecken. Er ist mitten unter uns und wird von jedem häufig gestreichelt. Als wir am Tisch sitzen und erzählen, schauen wir ihn immer wieder dabei an. Das hatte er schon früher gern, wenn er in die Gespräche mit einbezogen wurde. Aufmerksam blickte er stets denjenigen an, der gerade sprach. Ich möchte hier natürlich nicht behaupten, dass er die menschliche Sprache verstand, sondern, dass er dabei einfach genoss, beachtet zu werden. Es tat seiner Gefühlswelt sichtlich gut und diese war uns ein Anliegen. Der Abend dauerte lange und war wunderschön und lustig. Erst am späten Abend zog Sami sich auf sein Bettchen zurück und schlummerte friedvoll ein.

Es folgten noch vier Tage, an denen Sams Zustand soweit stabil blieb. Es war klar, dass das nicht so bleiben sollte.

Am 26. Dezember meldeten Beate und ihr Sohn Janis ihren Besuch an. Es war den beiden wichtig Sam, den Schupserhund, wie er ja von Janis genannt wurde, noch einmal zu sehen. Beate brachte Hundekuchen mit und Janis war mittlerweile erwachsen genug, um diesen recht professionell zu verfüttern. Wir verbrachten alle gemeinsam eine schöne Zeit, in der Sami viel Aufmerksamkeit geschenkt wurde. Am nächsten Tag hieß es für Beate und Janis Abschied nehmen. Was das bedeutet, hatte Janis bereits einige Zeit vorher bei seiner lieben Großmutter erlebt. Er nannte sie die »Ticktack-Oma«, weil sie ihm nach ihrem Tod eine Uhr vermachte, die er in Ehren hielt und an seine Oma erinnern sollte. »Janis, jetzt möchtest du dich bitte verabschieden,« sprach Beate, während sie in der Hocke unter unserem Rosenbogen im Garten vor Sami saß und ihn streichelte. Janis kraulte Sami sehr vorsichtig hinter den Ohren und sagte: »Tschüss Schupserhund, Tschüss Samimann.«

Ich sprach zu dem Jungen: »In diesem Leben wirst du Sami nicht mehr wiedersehen. Bald geht er dorthin, wo jetzt die »Ticktack-Oma« lebt. Soll er sie von dir grüßen? »

»Ja, er soll sie grüßen,« war seine knappe Antwort. Beate fügte hinzu: »Ich habe dir ja schon einmal gesagt, mein Schatz, dass Sami sehr alt ist – genauso alt wie unsere Ticktack-Oma war.« Janis küsste Sam auf die Stirn. Beate blickte dem alten Husky noch mal tief in die Augen. »Ich hätte niemals gedacht, dass mich ein Hund genauso sehr berühren könnte wie ein Mensch,« waren ihre Worte. Sami leckte ihre Hand. Das war sonst nicht seine Art.

Wir umarmten uns alle und dann fuhren die beiden die Ausfahrt hinauf.

Eine Stunde später klingelte das Telefon. Es war Beate, die gerade in ihrem Zuhause angekommen war. »Marina, Janis hat mich gebeten anzurufen. Du sollst Sami ganz dringend noch mal von ihm grüßen und ihn küssen. Der Junge hat erst im Auto auf der Fahrt nach Hause verstanden, was los ist. Er fragte mich: »Wann kommt Sami denn von der Ticktack-Oma zurück? Dann wollen wir ihn wieder besuchen.« Ich antwortete: »Janis, Sami kommt nicht zurück. Er wird sterben.« Als Janis das Wort Sterben hörte, begann er zu weinen und konnte lange nicht damit aufhören. Er wiederholte immer nur den Satz: »Ruf bitte Rini an– sie soll ihn von mir küssen.«

»Das werde ich sofort machen, wenn wir zu Hause sind,« antwortete Beate ihrem Kind. »Sami wird auch genauso wie die Ticktack-Oma einen schönen Erinnerungsplatz haben. Dahin bringen wir einen Engel und Blumen, so wie bei Oma.«

Niemals hätte ich gedacht, dass dieses Kind das Wort Sterben verstehen würde. Alle Mühe hatte ich mir gegeben ihm klar zu machen, dass er Sam nicht wiedersehen wird. Daher der Vergleich mit der Ticktack-Oma. Ich ging davon aus, den richtigen Weg gefunden zu haben, ihm die Angelegenheit verständlich zu machen. Ich war davon überzeugt, dass das Wort Sterben viel zu abstrakt für so einen kleinen Kerl wäre. Tja, – falsch – genau dieses Wort brauchte er, um zu realisieren; es war ein endgültiger Abschied.

Mancher wird nun vielleicht denken, dass man einem so jungen Kind die Konfrontation mit dem Tod ersparen sollte, denn es ging ihm zunächst nicht gut dabei und er musste weinen. Jeder, der diese Welt betritt, wird früher oder später mit dem Sterben konfrontiert. Wer will behaupten, dass man im Erwachsenenalter weniger Trauer empfindet, als wenn man ein Kind ist, oder besser damit zurecht käme? Ich habe auch Erwachsene weinen sehen. Die Auseinandersetzung mit dem Sterben ist eine Gefühlssache und weit ab vom intellektuellen Verständnis eines Erwachsenengehirns. Der Unterschied zwischen einem Kind und einem Erwachsenen besteht darin, dass im Vergleich das Kind erfahrungsarm ist. Das Gefühlsleben ist von Anfang an fest installiert. Es geht darum, wie wir mit den Gefühlen umgehen, die unsere Erfahrungen mit sich bringen. Häufig ergeben sich im jungen Leben Situationen, die Gefühle wie Angst, Trauer, Schmerz hervorrufen, und keine Mutter ist in der Lage, sie dauerhaft von ihrem Kind fernzuhalten. Und ausgerechnet beim Thema Sterben fühlen sich viele Mitmenschen veranlasst zu ignorieren, was nicht zu leugnen ist. Der Schmerz wird kommen, das ist gewiss. Sehen wir das Traurigsein und das Weinen als etwas natürliches an oder nicht? Kinder machen es uns vor, wie natürlich sie mit diesen Dingen umgehen können. Janis war zunächst traurig, aber sehr schnell hatte er akzeptiert, wie es nun einmal war, und könnte recht bald wieder fröhlich sein.

Am dritten Tag nach Weihnachten schaffte es Sam sogar noch mal, alleine in den Garten zu gehen. Dabei wurden Thomas und ich Zeugen einer außergewöhnlichen

Situation. Tara, die sich ebenfalls im Garten befand und die es seit längerer Zeit vorzog, den kranken, alten Sami zu ignorieren, ging unvermittelt auf ihn zu und beschnüffelte seine Schnauze. Das sah sehr vorsichtig und liebevoll aus. Dann blickte sie ihm intensiv in die Augen. Ich glaube, dass Tara sich von ihm verabschiedete, weil sie den näher rückenden Tod fühlte und roch. Danach ging sie wieder ihrer Wege und solch ein Moment der Annäherung sollte nicht mehr folgen, bis Sam seinen Körper verließ.

Am Abend des nächsten Tages war es Sam nicht mehr möglich sein Geschäft im Sitzen zu erledigen. Geduldig ließ er sich dabei von mir stützen.

Am Morgen des 29. Dezember war Sam nicht mehr in der Lage aufzustehen. Die letzte Phase seines Sterbens hatte begonnen.

Erst nach Stunden erlaubte er es sich, die Blase zu entleeren. Thomas half mir sein Bettchen neu zu überziehen, und zwischendurch auch immer mal seinen Körper auf die andere Seite zu lagern. Thomas hatte Weihnachtsurlaub – als ob es so sein sollte, damit wir beide genug Zeit hatten, uns um unseren Sami zu kümmern. Niemand weiß, wie lange es dauert, bis auch der letzte Schritt über die Regenbogenbrücke getan wird. Das Sterben ist letztendlich ein individueller Prozess. Die Tierheilpraktikerin war längst der Meinung, Sam einzuschläfern, wäre der beste Liebesdienst, den ich ihm erweisen könnte. »Selbst einen Hund, dem ein Bein amputiert werden müsste, würde ich einschläfern lassen,« sagte sie zu mir und fuhr fort: » Ich habe zwar schon davon gehört, dass ein Hund auch mit drei Beinen existieren kann, aber das ist doch ein unwürdiges Leben für einen Hund. Und machen sie sich nichts vor, 99,9 % der Hunde müssen eingeschläfert werden, damit sie von ihrem Leiden erlöst werden können. Alles andere ist Tierquälerei. In meinem ganzen Tierheilpraktikerleben ist mir kein Fall vorgekommen, indem der Hund von selbst gehen konnte.« Den letzten Satz der tierheilpraktischen Ausführungen konnte ich gut nachvollziehen. Wie soll ein Hund auch selbst gehen können, wenn man ihn vor seiner Zeit bereits einschläfern lässt? Alle anderen Deutungen der Dame sind für mich nicht so leicht verständlich. Ich betone hier ausdrücklich, dass für MICH die Gedankengänge der Tierheilpraktikerin nicht ohne Weiteres annehmbar waren. Denn gerade das Sterben ist aus meinem Erfahrungsschatz heraus kein Thema, dass man mit allgemeingültigen Formeln bedienen kann. Jeder Mensch und jedes Tier sind individuelle Geschöpfe, die man auch im Sterbeprozess individuell betrachten sollte. Abgesehen davon habe ich mich eingehend mit dem so liebevoll umschriebenen Einschläfern beschäftigt. Das Töten hat auch seine Schattenseiten und findet nicht immer so friedvoll statt, wie man beim bloßen Betrachten des Vorganges vermuten würde. Da gibt es zum Beispiel Tiere, die noch gar nicht bereit sind zu gehen und mit einem ungeheuren Adrenalinstoß dagegen ankämpfen. Das hat dann zur Folge, dass die Narkosespritze nicht optimal wirken kann. Es soll schon Tiere gegeben haben, die selbst bei x-facher Dosis das Bewusstsein nicht verloren. Die Narkosedosis darf außerdem nicht zu hoch und nicht zu niedrig angesetzt werden. Das ist sehr individuell zu handhaben und auch abhängig vom Gewicht und Alter des zu tötenden Tieres. Zu hoch dosierte Narkotika können zu Atemnot und einem grausamen Erstickungstod führen. Es sind Fälle bekannt geworden, bei denen der Tierarzt keine Zeit fand, mindestens fünfzehn bis zwanzig Minuten zu warten, bis er die auffolgende Todesspritze verabreichte. Wenn das geschieht, stirbt das Tier einen qualvollen Tod, ohne dass dies für den Besitzer sichtbar wird. Das Tier kann sich nämlich nicht mehr bewegen und Schmerzlaute äußern, weil es gelähmt ist.

Befindet sich das Tier bereits in einem fortgeschrittenen Sterbeprozess, kann es sein, dass ein Venenzugang für eine Spritze nicht mehr so einfach möglich ist. Wenn dann das verabreichte Mittel in das umgebende Gewebe gerät, könnte es sehr schmerzhaft werden.

Erinnern Sie sich noch an die Hysterie um die Vogelgrippe vor einigen Jahren? Im Schnellschussverfahren wurden Aberhunderte von Hühnern und Verwandte reihenweise getötet. Da Narkosemittel nicht verwendet wurden und die Angst vor der Seuche die Menschen in einen rabiaten Zustand versetzte, wurden die Tiere massenhaft allein mit der Todesspritze »T61« ins Jenseits befördert. Zootiere übrigens, die nicht mehr benötigt wurden, erlitten das gleiche Schicksal. Erst im Jahre 2004 wurde behördlicherseits angeordnet, dass die Tiere, die dem Jenseits zugeführt werden, vor der Gabe des Tötungsmittels »T61« unbedingt narkotisiert werden sollten. Denn das Problem ist unter Medizinern bekannt.

Lange bevor mein Sam uns zeigte, dass er gehen wird, habe ich mich gründlich beim Arzt informiert, wie eine Einschläferung ablaufen würde. Die Einschläferung eines Tieres ist gesetzlich zulässig, wenn ein vernünftiger Grund dafür vorliegt. Was vernünftig ist, muss der Tierarzt im Einzelfall selbst entscheiden. So wurden wohl schon in der Vergangenheit Turnierpferde eingeschläfert, weil sie nicht mehr in der Lage waren, Wettbewerbe zu bestreiten. Und weil man kein Geld mehr mit ihnen verdienen konnte, wurden sie halt der Vernunft folgend eingeschläfert. Ja, die Vernunft der Menschen kann man dehnen wie ein Kaugummi. So läuft das, wenn die Gefühlswelt der Großhirnrinde weit untergeordnet wird.

Der Tierarzt war bereit zu uns nach Hause zu kommen, um Sam den Transport in die Praxis zu ersparen. Sie, liebe Leser, haben Sam ja bereits kennengelernt und wissen, was der von Ärzten hielt. Sowohl in der Tierarztpraxis als auch bei uns zu Hause hätte Sam einen riesigen Aufstand gemacht, wenn sich der Arzt, mit Spritze bewaffnet, seinem Beinchen zwecks Venensuche genähert hätte. Sein Adrenalinschub hätte mit Sicherheit zu den oben genannten Komplikationen geführt. Mein Hund war eine besondere Kämpfernatur und hätte alle noch zur Verfügung stehenden Reserven mobilisiert. Diese Art des Kämpfens wollte ich ihm, wenn möglich, ersparen. Das war nun mal nicht meine Vorstellung von würdevollem Sterben. Sam wollte auf keinen Fall, dass derjenige, den er am meisten hasste, den Zeitpunkt seines Todes festlegte. Davor hatte er doch schon ein ganzes Hundeleben Angst gehabt, sonst wäre er sicherlich liebevoller mit den Doktoren umgegangen. In der Wildnis stirbt täglich eine Vielzahl von Tieren ohne Todesspritze und unter widrigeren Umständen, als Sam sie erleben würde.

Wie man sich fühlt, wenn eine Spritze nicht wirkt und alle um einen herum glauben, dass das nicht sein kann, habe ich in jungen Jahren am eigenen Leib erfahren müssen. Es geschah beim Zahnarzt. Die Ärztin anästhesierte den Zahn, um ihn zu entfernen. Die erste Spritze wirkte bei mir nicht. Es wurde nachgespritzt. Sie wirkte noch immer nicht. Dann wurde erneut eine Spritze aufgezogen und verabreicht. Keine Wirkung. Leider war ich zu diesem Zeitpunkt noch ein Kind und wurde einem ähnlichen Würdezustand zugeordnet wie ein Tier. Hier konnte nicht sein, was nicht sein darf. Die Zahnarzthelferin, die mich mit ihren dicken Wurstarmen dann von hinten festhielt, während mir die Zahnärztin den Backenzahn bei vollem Schmerzempfinden aus dem Kiefer riss, werde ich niemals vergessen. Anschließend wurde ich von der Zahnärztin auch noch beschimpft, weil ich ihr die Praxis zusammengeschrien und die Patienten im Wartezimmer verschreckt hätte. Nach diesem Erlebnis blieb mein Mund vor zahnärztlichem Personal erst mal für längere Zeit fest verschlossen. Ein paar Jahre später war ich dann erwachsen und dachte, dass man mir im adulten Zustand mehr Aufmerksamkeit schenken würde. Jedoch, weit gefehlt!

Das zweite unauslöschliche Geschehen ereignete sich bei einem Krankenhausaufenthalt in Düsseldorf. Dort wurde ich gegen meinen Willen mit einer Infusion Muskelentspanner zwecks Schmerzbekämpfung penetriert, obwohl ich mehrfach dem Arzt mitteilte, dass ich keine Schmerzen hatte. Aber auch hier durfte nicht sein, was nicht sein darf. Es war wohl in den Augen des Arztes meine gottgegebene Pflicht, Schmerzen zu empfinden. Als am selben Tag um die Mittagszeit meine Schwester und mein Schwager mich besuchten, war ich zwar bei vollem Bewusstsein, aber eine Überdosis Drogen in meinem Körper verbat mir, auch nur die kleinste Gefühlsregung mit meinem Körper auszudrücken. Für meine Angehörigen sah es so aus, als ob ich tief und fest schliefe. Sie waren außerordentlich erstaunt, als ich ihnen später erzählte, dass ich sehr wohl ihre Anwesenheit wahrgenommen hatte. Bis ich wieder vollständig Herr meiner Lage war, verbrachte ich eine lange Zeit mit der Beobachtung der Krankenhauswände und sah ihnen dabei zu, wie sie sich abwechselnd von innen nach außen und von außen nach innen verbogen. Das nennt man wohl »Halluzies«. Jetzt hatte ich also doch noch Halluzinationen, dachte ich dabei, obwohl meine Schwägerin Jasuko noch in Japan beim Hummeressen versicherte: »Du nicht soooo krank im Kopf,« und ich daraus ableitete, dass ich wohl nicht unter geistiger Verwirrtheit litt.

Sicher ist Ihnen klar, warum ich hier ein wenig in mein eigenes vergangenes Leben abschweife, obwohl unser Thema eigentlich der Umgang mit dem Sterben eines ganz normalen Hundes ist. Falls jemand unter Ihnen das nicht versteht, möge er oder sie das Buch an dieser Stelle schließen und dasselbige an einen Menschen weiterverschenken, den er nicht ausstehen kann. Hahaha! Für diejenigen, welche jetzt doch weiterlesen, veranschauliche ich das Thema noch mit einer letzten Menschengeschichte, die meiner Großmutter passierte. Sie war bereits siebenundachtzig Jahre alt und sollte am Ende sogar siebenundneunzig Jahre alt werden. In fast biblischem Alter musste an ihr eine Blinddarmoperation durchgeführt werden. Diese hatte sie auch sehr gut überstanden. Das Einzige, das uns sehr irritierte und daran denken ließ, ob sie vielleicht doch noch den Weg der Demenzerkrankung beschritt war, dass sie ständig behauptete, während der Operation einen Höllenmarsch hinter sich gebracht zu haben. Ich fragte sie, was sie damit meinte. »Ich habe die ganze Zeit wach gelegen und konnte mich nicht bewegen und mitteilen. Die Narkose hat einfach nicht gewirkt. Es war alles so schrecklich und niemand hat mir geholfen.« Als sie mir das erzählte, war ich mir sicher, dass das Halluzinieren eine Erbkrankheit sei, die von den Genen meiner Großmutter ausgehend, besonders auf ihr jüngstes Enkelkind mit Namen Marina übertragen wurde. Kurz und gut, ich habe ihr nicht geglaubt. Hätten Sie ihr geglaubt?

Jahre später wurden der Öffentlichkeit mehr und mehr Fälle vorgestellt, bei denen es tatsächlich zu solchen Zwischenfällen gekommen war und so etwas gar nicht so selten vorkam. Wenn sich jemand traute eine Nachfrage beim Klinikpersonal zu starten, wurde demjenigen auf schroffe Weise – na was wohl? – mitgeteilt, dass er einer Halluzination aufgesessen wäre.

Da den Patienten Muskelentspanner injiziert wurden, so wie auch den Tieren beim Einschläfern, konnten die Patienten sich nicht rühren, um mitzuteilen, dass sie zeitweise bei Bewusstsein waren. Solche Leute sind wohl einem Anästhesisten zum Opfer gefallen, der seinen EEG-Überwachungsmonitor nicht wirklich immer im Blick hatte und stattdessen die Krankenhauswände anschaute, wie sie sich abwechselnd von innen nach außen und von außen nach innen verbogen. Oder, es war, wie bei den meisten Operationen, gar kein EEG-Ableitungsgerät verwendet worden. Leider ist das der einzig wirkliche Anhaltspunkt für die Tiefe einer Bewusstlosigkeit.

Ja, meine Großmutter jedenfalls hat wohl nicht halluziniert. Sie wurde Zeuge ihrer eigenen Narkose. Tut mir leid Oma, dass ich dir nicht geglaubt habe.

Ob jemand, damit meine ich Mensch und Tier, wirklich vollkommen bewusstlos ist und keinen Schmerz verspürt, kann man in meinen Augen auf sichere Weise nur mit entsprechenden Messinstrumenten ableiten, und falls sie überhaupt angeschlossen werden, diesen auch Aufmerksamkeit schenkt. Bei der Einschläferung eines Tieres sind solche Apparaturen meines Wissens nach in der Regel nicht anwesend. Also, Vorsicht ist die Mutter der Porzellankiste! Deshalb ist bei Tieren die Höhe der Narkosedosis als auch die Zeit zwischen Narkosegabe und Todesspritze ein wichtiger Faktor, der über Wohl und Wehe Ihres Tieres entscheidet. Auch wenn man äußerlich ein tief und fest schlafendes Tier wahrnimmt, heißt das weder bei ihm, noch bei einem Menschen, dass es wirklich so ist. Selbst bei menschlichen Komapatienten wird das Pflegepersonal heutzutage angehalten, in deren Gegenwart sicherheitshalber so zu tun, als ob sie bei Bewusstsein wären. Denn nicht wenige, die aus der Bewusstlosigkeit in unsere Welt zurückkehrten, teilten anschließend mit, dass sie zwischenzeitlich sehr wohl etwas wahrgenommen hatten und sich nur nicht der Außenwelt mitteilen konnten. Ich empfehle in diesem Zusammenhang dem interessierten Leser, der mit einem Computer ausgerüstet ist, bei www.youtube.de die BBC-Dokumentation »Die Wissenschaft des Tötens« anzuschauen. Der ehemalige britische Verteidigungsminister Michael Portillo hat sich u. a. mit der Tötungsmethode durch Giftspritze beim Menschen beschäftigt. Meiner Einschätzung nach kann man die Ergebnisse seiner Untersuchungen auch auf die Tiere übertragen.

Was das Sterben unserer tierischen Lehrer und Begleiter angeht, so ist es nach allem was ich erlebt habe, sehr wichtig, dass sie ihren Loslass-Prozess so weit wie möglich selbst gehen dürfen. Sind die natürlichen Sterbephasen weitestgehend abgeschlossen, so fällt es ihnen leichter aus dieser Welt zu scheiden. Es gibt auch für Tiere genügend Möglichkeiten sie schmerzlindernd und ganzheitlich auf diesem Weg zu begleiten. Dabei möchte ich nochmals auf den Vergleich mit dem Vorgang der Geburt in diese Welt erinnern. Im besten Fall hat die werdende Mutter neun Monate Zeit zur Verfügung, um sich auf den neuen Erdenbürger vorzubereiten. Schmerzen einkalkulierend, gibt sie sich den Gegebenheiten hin. Häufig höre ich dann auch Sätze wie: »Es sind schon so viele Kinder geboren worden, sodass ich das wohl auch noch schaffen werde.« Gilt das nicht auch für das Sterben? In dem Hospiz, indem ich zeitweise gearbeitet habe, ist jedenfalls keiner unter unwürdigen Bedingungen gestorben. Nur wenige äußerten den Wunsch sie von ihrem Leiden zu erlösen. Manchen ging es am nächsten Tag etwas besser und sie revidierten ihre Meinung vom Vortag. Ich bin zwar der Auffassung, dass jeder für sich entscheiden sollte, was für ihn richtig ist und verurteile niemanden, der sich selbst vor der Zeit das Leben nimmt. Jedoch habe ich auch erlebt, dass es seinen Sinn hat die Sterbephasen zu durchleben. Ich bin mir vollkommen sicher, dass mein Hund Sam mit meiner bescheidenen Begleitung den Weg ins Himmelreich ohne Hilfestellung von ärztlicher Seite wollte. Und so sollte es dann auch geschehen. Deshalb wird Mutter jetzt mal Rechtsrumgehen, obwohl die Masse links rumgeht, ganz wie es mich Sami auch gelehrt hat. Aber trotzdem, vielen Dank an die Tierheilpraktikerin und den Tierarzt, die sich beide aus ihrem Blickwinkel heraus viel Mühe gegeben haben, um mir und meinem Sam zu helfen.

Etwas Reis und Hühnchen, geformt zu kleinen Kügelchen, biete ich dir an. Ein paar Bissen bist du bereit zu dir zu nehmen. Wenn du trinken möchtest, helfe ich dir deinen Oberkörper etwas zu erheben und das klappt gut. Irgendwann meldet sich dein Darm und ich säubere dich sehr vorsichtig.

Ich weiß, dass Sterbende oftmals körperliche Berührungen extrem stark empfinden können. Im Sterben werden alle Lebewesen empfindsamer.

Kein Widerstand von deiner Seite. Du fügst dich in dein Schicksal. Ich liege neben deinem Bettchen auf der Couch, während Thomas und Tara spazieren gehen. Eine Hand ruht auf deinem Körper. Ich fühle deine Atemzüge. Sie sind ruhig und tief. Ich atme ruhig und tief. Plötzlich bewegst du dich und meine Hand wandert zu deinem Kopf. Du leckst mir die Hand. Das hast du früher nie getan. Ich biete dir noch mal Wasser an. Ja, – ich habe verstanden. Du wolltest noch etwas Wasser trinken. Dann lege ich mich erneut zu dir und atme ganz bewusst wieder im gleichen Rhythmus wie du. Hättest du starke Schmerzen, dann wäre der Takt deiner Atmung beschleunigt. Auch dein Fell würde struppig werden, und wenn der Schmerz besonders stark würde, dann müsstest du auch Schmerzlaute äußern. All das wird nicht stattfinden. Ich schließe die Augen und fühle in mein Herz hinein. Es ist ganz still um uns und in uns. Mit jedem gemeinsamen Atemzug sinke ich noch tiefer in mein Herz, bis ich dich auf seinem tiefsten Grunde finde. Da bist du und triffst auf meine Seele. Unsere Seelen erkennen sich sofort, denn vor langer Zeit, noch bevor wir unsere Körper fanden, waren wir schon ein Teil des großen Ganzen und verbunden mit allem und jedem. All meine Liebe strömt zu dir und ich fühle, wie deine Liebe zu mir strömt, unaufhörlich pulsierend, wie der Lebensstrom selbst. Dort auf dem Grunde meines Herzens leuchten alle Farben des Regenbogens für uns. Das Blau als Symbol für das Meer, aus dem wir kommen. Wie die warmen Tropfen eines Tropenregens finden wir uns auch dort wieder.

Das mütterliche Meer, blau wie der Himmel, dem wir entgegenstreben. Rot als Symbol für die Macht unsere Liebe, die jedem Widerstand gewachsen ist. Grün, das Symbol für Leben und Hoffnung. Gelb für das Lachen und die Fröhlichkeit, die uns immer verbunden hat. Orange, die Farbe der Gesundheit und Erneuerung. Sie strahlt in ihrer ganzen Pracht und wird uns beide auferstehen lassen, dich in einer anderen Welt – mich für eine Weile noch in meiner alten Welt. Während wir die Farbenoper am Grunde meines Herzens bewundern, spreche ich zu dir. Ich schicke dir Bilder, von denen ich weiß, dass auch du sie siehst. Denn wer mit reinem Herzen liebt, kennt keine Grenze und überwindet Zeit und Raum. Wer mit reinem Herzen liebt, braucht keine Sprachen zu erlernen.Wer mit reinem Herzen liebt, spricht die Muttersprache aller Lebewesen. Und jedes Lebewesen fühlt die Mutter aller Sprachen, die wir Liebe nennen.

Die Liebe ist der höchste Versuch, den die Natur macht, um das Individuum aus sich heraus- und zu dem anderen hinzuführen. Der Philosoph Jose'Ortega Gasset hatte diesen Satz einmal formuliert und erkannte die größte aller Wahrheiten. Wer es erlebt hat, so wie ich, der kann es nicht mehr leugnen.

Auf dem Grunde meines Herzens, beleuchtet und erleuchtet von den Farben des Regenbogens, baden wir in den Tränen unserer Liebe und die Bilder, die dich erreichen, mein Freund, werden dir helfen, dieses Leben in einem Körper, der den Frieden des Todes verdient hat, verlassen zu dürfen. Sieh'nur, dort ist eine Wiese so groß und saftig grün, umgeben von den allerschönsten, blühenden Blumen. So etwas Wohlduftendes und Einzigartiges haben wir beide in unserer gemeinsamen Zeit auf der Erde nie gesehen. Der Himmel hier ist indigoblau. Ein Licht erhellt diese Welt. Es blendet nicht. Es strahlt Harmonie und Frieden und unendliche Liebe aus, die alles in- und um sich herum erfüllt. Angst und Leid können hier nicht existieren, denn die Liebe dieses Lichtes löscht alle Illusionen aus, die jenseits der Liebe zu Hause sind.

Und schau nur, mein Herz, weit hinten am Horizont sind deine Ahnen, deine Seelenfamilie und alle die sich mit dir verbunden fühlen. Sie sind da und warten auf dich. Sie wollen mit dir herumtollen und mit dir spielen. Und das ist möglich, wenn du dich erneuerst und dein altes Fellkleid ablegst. Ein frischer, junger, starker und schöner Körper wird dich schmücken und viele Hundedamen wollen von dir erhört werden. Wenn du den Schritt wagst in dieses endlose Land der Schönheit und ausgiebig erkundet hast, dann findest du dort auch einen Platz, an dem du ausruhen kannst, wenn du magst. Dieser Platz ist ein besonderer – nur für dich erschaffen. Ein alter, breitstämmiger Baum auf einem kleinen Hügel aus moosweichem Gras. Der Baum ist sehr alt und seine Krone ragt majestätisch, wie ein lebender Schutzschild, weit in den Himmel hinauf. Seine Äste tragen Äpfel, rote Äpfel – so groß, wie man es nie gesehen hat. In diesem Baum findest du das unzerreißbare Band meiner Liebe zu dir, das bis in deine Welt hineinstrahlt. Meine Liebe wird diesen Ort segnen und eines Tages wirst du dort auf mich warten. Hier ist unser Treffpunkt – die Mitte – das Zentrum unserer beider Kraft. Wir werden wieder miteinander tanzen, ausgelassen mit großer Freude. Ich tanze wie eine Indianerin um den Baumstamm herum und bin die, die mit dem Wolf tanzt. Du bist der Wolf und wir heulen den Himmel an. Wir bitten das liebende Licht uns den Schnee zu schenken. Den Schnee, den wir so lieben, und dann beginnt es auch schon leise zu schweben. Erst wenige Flocken, dann mehr und mehr, bis unser Hügel vollständig umhüllt ist. Ich werfe mich in den frischen, weißen Gottessegen und du tollst um mich herum. Ich freue mich so darauf. Bis es soweit ist, verbringst du deine Tage mit den Geistern anderer Wölfe und lebst deine schönsten Träume. Wenn du diesen Baum aufsuchst, weil du dich mit mir in meiner Welt verbinden möchtest, ist das jederzeit möglich. Denn wie weit ich auch entfernt bin, so wird der mit Licht und Liebe geknüpfte Teppich meiner Zuneigung deine Welt erreichen und dir Trost spenden, wann immer du es wünschst. Nie mehr sind wir Sklaven der Zeit.

Sam erwachte und wieder fand er meine Hand. Diesmal wollte er kein Wasser trinken. Er leckte meine Hand, um mir seine Zuneigung zu zeigen. Am Abend nahm er noch ein paar Reiskügelchen mit Huhn zu sich – ein letztes Mal. Später zündete Thomas Kerzen an. In ihrem Dämmerlicht, welches den Raum, wie eine warme, weiche Decke einhüllte, legten Thomas und ich uns auf die Couch. Sami lag dicht neben uns auf seinem Bettchen.

Musik ließen wir erklingen – die schönste und leiseste, die wir kannten. Bilder aus vergangenen Tagen tauchten auf und ab in einem Ozean schöner Erinnerungen und Gefühle. Mit jeder Erinnerung weitete sich mehr und mehr der Raum unserer Wahrnehmung. So viele davon hat uns das Leben geschenkt. Mit der Weite des Raumes wuchs auch die Dankbarkeit und die Sicherheit, dass Sam seinen Weg mit Würde geht. Wir glaubten fest, dass ihm die friedvolle Stimmung gut getan hat.

»Nicht mehr lange und der Kreis wird sich schließen,« waren meine Gedanken und ich wusste zu diesem Zeitpunkt nicht, dass dieses Jahr zu Silvester auch der Mond seinen Kreis schließen würde. Sam wird in dieser Vollmond-Silvester-Nacht unsere Welt verlassen und den Beginn des neuen Jahres in einer anderen feiern.

Die Nacht verlief ruhig. Den 30. Dezember verbrachten wir mit der Pflege unseres Freundes. Er zeigte auf geduldige Weise, was zu tun war. Wenn er seine Position ändern wollte, hob er den Kopf und junkste. War er zufrieden, so lag er ganz ruhig. Er meldete sich auch, wenn er Wasser trinken wollte und sofort waren wir für ihn da. Obwohl ich zwar ahnte, dass die Zeit der Nahrungsaufnahme vorbei war, bot ich ihm noch mal etwas an. Das Letzte, was er zu sich nahm, war die Epilepsietablette mit Leberwurst. Das Trinken stellte er am Nachmittag des 31. Dezember ein. Ich versuchte gar nicht erst ihm noch einmal eine Tablette gegen Epilepsie zu verabreichen. Sollte er in diesem Zustand einen Anfall bekommen, würde ich es als einen weiteren Schritt ansehen, der in die Erlösung führt.

Sein Fell sah immer noch aus wie das eines gesunden Hundes. Äußerlich konnte man absolut keine Anhaltspunkte für seine schwere Erkrankung erkennen. Erst am Nachmittag des 31. Dezember entwickelte sich ein dezenter, säuerlicher Atem, der den nahen Tod ankündigte. An diesem letzten Tag des Jahres sollte Sam noch einmal intensiv das Loslassen üben. So meldete sich sein Darm mehrmalig. Um Schmerzen zu lindern, die ein eventuelles Wundwerden hervorrief, verarztete ich ihn mit einer speziellen Creme. Während ich ihn säuberte, war er dann ganz entspannt und ich erkannte, dass die Creme ihm geholfen hatte. Sein Mäulchen benetzte ich zwischendurch immer mal wieder mit Wasser, welches ich in eine Spritze gefüllt hatte. Ich ließ ihm auch Zeit alleine zu sein. Ich fühlte, dass er nicht wollte, dass man unaufhörlich über ihm gluckte. Während er ganz ruhig dort auf seinem Bettchen lag, bereitete ich ein kleines Essen für den Abend vor. Denn meine Mutter und Bruder Günter kamen ja auch dieses Jahr zu Silvester zu uns auf Besuch. Thomas blieb derweil in hörbarer Nähe, damit er reagieren konnte, wenn Sam sich bemerkbar machte.

Mitten in den Vorbereitungen bekam ich plötzlich das starke Bedürfnis zu Sam zu gehen. Ich legte mich zu ihm neben sein Bettchen. Unsere Gesichter einander zugewandt, blickte ich in seine Augen. Oh, – diese Augen, – blau und voller Schönheit, wie die Bergblaulilien es sind. Aus diesen Augen hörte ich seine Seele nach mir rufen: » Ich will nicht gehen. Ich will bei dir sein. Hilf mir – du hast mir doch immer geholfen.« Seine Augen waren voller Trauer, denn er wusste, dass ich ihm nicht helfen konnte, bei mir zu bleiben. Mit aller Kraft, die mein Geist aufbieten konnte, antworteten ihm meine Augen: » Mein geliebter Lehrer und Begleiter, du hast alles gegeben, deine Liebe, dein Vertrauen, deinen Humor, deine Weisheit, deine Dummheiten. Ich danke dir dafür. Auch ich habe alles gegeben, meine Liebe, mein Vertrauen, meinen Humor, meine Weisheit und meine Dummheiten. So sollte es sein. Ich bitte dich nun, mir einen allerletzten Wunsch zu erfüllen. Bitte verlasse, sobald du es kannst, diesen Körper und geh in das Land deiner Ahnen. Du weißt doch, da wo es kein Alter und Krankheit gibt. Gehe voraus, so wie du es immer auch bei unseren Spaziergängen getan hast. Geh voraus und Mutter kommt nach. Mutter kommt nach. Mutter kommt nach.« Dann streichelte ich sein rechtes Ohr und sein Atem wurde wieder ruhiger. Unvermittelt hob er seinen Kopf und bewegte ihn in Richtung meines Armes. Ich bot ihm meine Armbeuge an und sein Gesicht tauchte darin ein. Nach einer kurzen Weile kam sein Kopf wieder hervor. Er schaute mir nochmals in die Augen.

Sams Blick veränderte sich und was ich sah, war noch mal ein Aufflackern seiner Liebe zu mir.

Ich sollte wieder gehen, damit er nicht nur seinen Körper, sondern auch seine Seele befreien konnte.

Am frühen Abend verabschiedete auch Thomas sich auf ähnliche Weise von ihm.

Bevor er sich zu ihm legte, war Sams Blick gegen das Sofa gerichtet. Als Sam wahrnahm, dass Thomas zu ihm gekommen war, erhob er den Kopf und rutschte selbstständig in dessen Hand. Er sah Thomas mit starkem, sehr bewusstem Blick direkt in die Augen. Auch bei ihm ließ er seinen Kopf eine Zeit lang in der Armbeuge ruhen.

Während wir auf die Ankunft meiner Mutter und Günter warteten, ging ich ins Badezimmer und betete das intensivste Gebet meines Lebens: »Herr erlöse meinen geliebten Hund.« Mir fielen plötzlich Gebete ein, die ich seit meiner Kindheit nicht gesprochen hatte: » Heilige Maria, Muttergottes, bitte für uns Sünder – jetzt und in der Stunde unseres Todes. Herr, ich bin nicht würdig, dass du eingehst unter mein Dach. Aber sprich nur ein Wort, so wird meine Seele gesund.« Ich wusste, meine Bitten würden erhört werden. Mutter und Günter verspäteten sich, da sie in einen Verkehrsstau geraten waren. Wird Sam noch unter uns sein, wenn sie uns erreichen, dachte ich, während ich den Tisch deckte. Ja er wird, denn er will sich auch von ihnen noch verabschieden.

Sam hatte seit mehr als vierundzwanzig Stunden nicht mehr uriniert. Mediziner nennen das einen Harnverhalt. In solchen Fällen wird die Blase punktiert, damit der Urin abfließen kann. Es kann bei diesen Abflussblockaden zu Schmerzen kommen. Dabei gibt es jedoch auch menschliche Patienten, die keine Schmerzen empfinden. Insbesondere solche, die an neurologischen Grunderkrankungen leiden, haben oft keinerlei Beschwerden, da die nervale Leitung gestört ist und Schmerzreize nicht regelrecht fortgeleitet werden. Abgesehen von der Schmerzlage kann der in die Harnleiter zurückgestaute Urin eine Nierenschädigung hervorrufen.

Immer noch gab es keine Anzeichen von Unruhe oder Schmerzzeichen bei meinem Hund. Das Fell sah aus wie frisch gestriegelt und glänzte sogar.

Kein Junksen, keine beschleunigte Atmung – nichts dergleichen. Dass es zu einer Nierenschädigung kommen würde, interessierte mich reichlich wenig. Diese Nieren hatten sowieso nicht mehr viel Arbeit vor sich. Zwischenzeitlich palpierte ich leicht die Blase und erkannte, dass ihr Spannungszustand dabei keine Reaktionen bei Sam hervorrief. Ich entschied in das Geschehen nicht einzugreifen, und zwar mit einem guten Gewissen. Jedoch wendete ich eine Methode an, die man MET nennt. Meridian-Energetische-Technik– hier wird ähnlich wie bei der Akupunktur, jedoch ohne Verwendung von Nadeln, mit den Energiebahnen des Körpers gearbeitet. Thomas versetzte sich derweil in unserem Nachbarhaus in einen meditativen Zustand, indem er eine alte Trommel, die ihm einmal ein nepalesischer Schamane gegeben hatte, verwendete. Später erzählte mir Thomas, dass er während dieser Meditation vor seinem inneren Auge unseren Sam auf seinem Bettchen liegen sah. In dieser Vision war er bereits verstorben und in Sams immer noch lebendig wirkenden Augen spiegelte sich ein Wald. Thomas sagte mir später, dass er das Gefühl hatte, Sam würde bald gehen. Nachdem ich MET durchgeführt und Thomas seine Trommelmeditation beendet hatte, konnte Sam tatsächlich innerhalb kurzer Zeit seinen Urin loslassen. Auch der Darm räumte noch mal auf. Dabei streckte Sam seine Hinterbeinchen in Richtung Po. Wegen seiner Hinterlaufschwäche war er eigentlich zu solch einer Bewegung gar nicht mehr fähig gewesen. Doch es geschah so.

Während ich Sam säuberte, erreichten Mutter und Günter unser Haus. Als ich meine Arbeit beendet hatte, begrüßten sie Sami, der immer noch bei vollem Bewusstsein war.

Auch Mutter und Günter hatten den Eindruck, dass Sam keine Schmerzen empfand. Sie setzten sich an den Esstisch, der im gleichen Raum stand, indem auch Sami lag. Nur ein kleiner Raumteiler, der den Blick auf ihn zuließ, trennte uns von ihm. Er sollte ungestört seinen Weg weitergehen können. Darum ließen wir ihn eine Weile für sich allein, ohne dabei verlassen sein zu müssen. Noch bildete unsere kleine Familie eine Einheit in der Überzeugung, dass ein Eingreifen in seinen weiteren Sterbeprozess nicht notwendig sei. Das sollte aber nicht so bleiben, denn dann geschah Folgendes: Thomas bemerkte als Erster, dass Sam gegen 20:00 Uhr mit geöffneten Augen, starr geradeaus schauend, begann den Kopf an die Brust zu ziehen, um ihn anschließend wieder in Richtung Nacken zu bewegen. Immer, wenn er in der Nackenposition ankam, heulte Sam kurz auf. Diese monotonen Bewegungsabfolgen wiederholten sich fortwährend. Seine Augen nahmen uns jetzt, soweit wir das beobachten konnten, nicht wahr.

Solche Streckkrämpfe sind in der letzten Phase des Sterbens keine Seltenheit. Es kann auch ein kleiner Epilepsieanfall gewesen sein. Wer die Zeichen einer Epilepsie kennt, weiß, dass dies für den Beobachter so aussieht, als würde der Betroffene leiden. Tatsächlich berichten die Epileptiker später, dass sie den Anfall bewusst nicht wahrgenommen haben. Das Leiden fand nur in den Augen der Gesunden statt. Das zwischenzeitliche Aufheulen meines Hundes konnte meiner Einschätzung nach kein Hinweis auf Schmerzäußerungen sein, da diese Heullaute in regelmäßigen Abständen, wie ein Uhrwerk, in absolut gleicher Intensität erfolgten. Schmerzen sind in der Regel nicht unablässig gleich stark und treten nicht auf den Schlag alle fünfundvierzig Sekunden auf.

Aber, selbst ein gewisser Schmerzgrad kann für einen Sterbenden von großem Nutzen sein, um den Körper verlassen zu können. Sicher haben sie einmal von Sterbenden gehört, die in Ruhe und Frieden ganz plötzlich den Tod fanden, ohne Schmerz. Das kommt zwar seltener vor, aber ich habe das bei meiner Großmutter erlebt, die in ihrem eigenen Bett in Anwesenheit von Zeugen verstarb. Ich selbst kam erst in letzter Minute hinzu, da ich in den Stunden vor ihrem Ableben noch auf der Arbeit war. Bereits am Morgen dieses Tages fragte meine Großmutter: »Wann kommt Marina?« Diese Frage wiederholte sie im Laufe des Tages immer wieder. Davon wusste ich jedoch zu dieser Zeit nichts. Am Nachmittag dann überkam mich ein unruhiges Gefühl. Warum die Unruhe in mir aufstieg, konnte ich mir nicht erklären. In Zusammenhang mit dem Zustand meiner Großmutter brachte ich dies nicht, denn keiner ahnte, dass ihr Tod bevorstand. Die Unruhe wurde immer größer. So verließ ich meinen Arbeitsplatz vor der regulären Zeit und trat den Weg nach Hause an. Als ich eintraf, lebte sie noch und ihr liebes

Herz blieb einfach stehen. Keine Schmerzen gingen diesem Ereignis voraus. In späteren Jahren, während meiner Hospizzeit, erlebte ich auch seltene andersgeartete Fälle. Da gab es Bewohner, die selbst unter hoher Morphingabe Schmerzen zu ertragen hatten, bis auch ihnen der Tod gnädig die Erlösung brachte. Schmerzen sind nicht nur Hinweise des Körpers, sondern ebenso Ausdruck seelischer Widerstände. Werden die seelischen Widerstände aufgegeben, kann sich auch der geschundene Körper davon befreien. Denken Sie einmal an die Erkenntnisse der Medizin. Es ist mittlerweile allgemein bekannt, dass viele Erkrankungen in sehr engem Zusammenhang mit seelischen Vorgängen stehen.

Da gibt es Menschen, die beispielsweise unter chronischen Rückenschmerzen leiden. Die Intensität der Schmerzwahrnehmung ist häufig in direkter Relation mit dem Seelenzustand zu beobachten. In Lebenskrisen treten solche Schmerzen besonders stark und häufig auf. In glücklichen Zeiten entsprechend weniger stark bis gar nicht.

Bei nicht wenigen Sterbenden ist das Schmerzempfinden auch gepaart mit dem Grad der Zufriedenheit über das eigene Leben, so wie es verlaufen ist und ob noch etwas unausgesprochen und ungeklärt im Raume steht.

Die Geburt in eine Welt, ob diesseits oder jenseits, kann Schmerzen mit sich bringen.

Schmerzen kann man durch entsprechende Maßnahmen, in den meisten Fällen zumindest, weitestgehend lindern. Es entstehen während des fortgeschrittenen Sterbeprozesses aber eben auch Situationen, die sich für den Betrachter als Schmerzäußerungen darstellen, jedoch in der Wahrnehmung des Betroffenen keine sein müssen. Kennen sie beispielsweise das Sänger-Phänomen? So nennen Tierärzte die bei vielen Hunden auftretenden Heulattacken nach einer tiefen Narkose. Die Besitzer der Hunde werden in der Regel vor einer anstehenden Operation auf dieses Phänomen hingewiesen, weil sie ansonsten in großen Schrecken versetzt würden. Denn es kann nach der Operation zu lang andauerndem Aufheulen ihres Hundes kommen. Jeder, der nichts darüber weiß, würde seine Hand dafür ins Feuer legen, dass der Hund an schrecklichen Schmerzen leide. Tatsächlich soll das alles aber gar nichts mit Schmerzen zu tun haben. Bestimmte Stoffwechselprozesse im Zusammenhang mit den abzubauenden Inhaltstoffen einer Narkose können im Gehirn dann solche Reaktionen und Rauschzustände hervorrufen.

Meine Mutter, mein Bruder und ich waren uns sicher, dass Sam jedenfalls, trotz seines fünfundvierzigsekündigen Aufheulens keine Schmerzwahrnehmung hatte.

Vielleicht fällt Ihnen gerade auf, dass ein Name an dieser Stelle nicht genannt wird. Thomas fehlt und der sollte mir dann zeigen, wie schnell auch ich ins Wanken geraten kann. Thomas ist und war, seit ich ihn kenne, ein sehr wichtiger Berater in allen Lebenslagen für mich. Sein glasklarer Verstand und sein ebenso ausgeprägtes Herz waren mir jederzeit eine große Hilfe in vielen Belangen des Lebens. Dementsprechend war es mir zunächst unmöglich seine Bemerkungen im Zusammenhang mit Sams Zustand, zu ignorieren. »Mein Gefühl sagt mir zwar, dass Sam jetzt keine Schmerzen hat. Aber sollten wir ihm nicht sicherheitshalber noch eine Dosis Anfallsunterbrecher »Diazepam« verabreichen? So könnten wir vielleicht erreichen, dass diese Krämpfe vergehen.«

Diazepam, welches uns bei den früheren Epilepsieanfällen unseres Lieblings so oft geholfen hatte, lag noch in ausreichender Menge in unserem Medikamentenschrank. »Thomas, dieses Mittel wird mit hoher Wahrscheinlichkeit in diesem späten Stadium des Sterbeprozesses gar nicht mehr in ausreichendem Maße über den Darm aufgenommen. Abgesehen davon müsste die Tube Diazepam mit einem hohen Druck in den Enddarm verabreicht werden. Das wird unserem Hund möglicherweise sehr weh tun, denn sein Darm hat tief im Inneren sicherlich bereits einen fortgeschrittenen Entzündungszustand erreicht und ist dementsprechend wohl sehr empfindlich.«

Ich versuchte zu diesem Zeitpunkt meine Gefühle in den Hintergrund zu schieben und einzig mit meinem diagnostischen Blick die Situation nochmals zu überprüfen. Die Epilepsie beziehungsweise Streckkrämpfe waren Ausdruck eines fortschreitenden Vergiftungszustandes, aufgrund der Leberproblematik, das war mir klar. Im Sterben schritt dieser chronische Vergiftungszustand unter Einbeziehung auch des Nervensystems weiter fort, sodass für mich die Krämpfe eine direkte Folge davon waren. Sam wirkte vollkommen abwesend und immer noch waren keine weiteren Anzeichen zu erkennen, dass mein Hund unter Schmerzen litt. »Rinchen,« so meldete sich meine Mutter zu Wort: » lass die Hände von Sam. Ich fühle ganz genau, dass er keine weitere Hilfestellung von uns benötigt. Er ist fast am Ziel angekommen. Störe ihn nicht, indem du ihm dieses Mittel in den Po jagst. Wenn du mir nicht glauben kannst, so warte wenigstens noch eine Stunde ab. Ich bin sicher, dann gehen die Krämpfe vorüber.« Mein Bruder nickte. Mutter war mir auch ein Leben lang, besonders was Gefühlsdinge anbelangte, wichtige Beraterin und in den meisten Fällen hatte sie recht mit ihren Einschätzungen. Ich selbst war mir eigentlich ganz sicher, dass sie auch diesmal wusste, was zu tun, beziehungsweise nicht zu tun war. Trotzdem fühlte ich mich unwohl bei dem Gedanken, dass Thomas seine Zweifel anmeldete. Ich dachte plötzlich an meine Freundin Beate. »Mensch-Beate, du hast mir doch einmal gesagt, dass du fühlen würdest, wenn ich dich brauche. Jetzt wäre so ein Moment gekommen. Ach, – warum rufst du nicht einfach an und sagst mir, wie du die Lage beurteilst. Aber wie solltest du wissen, dass Sam im Sterben liegt. Wir haben uns seit deinem letzten Besuch ja gar nicht mehr gesprochen. »

Zwei Minuten später klingelte das Telefon. Am Apparat war Beate. Sie sagte:

»Marina, ich bin gerade im Hospiz und habe Nachtdienst. Plötzlich kamst du mir in den Sinn und ich hatte das Gefühl, dass du mich gerufen hast.«»Oh – ja, das habe ich. Gedankenübertragung gibt es wohl wirklich.«

Ich erklärte Beate die Situation und fragte auch sie um Rat.

Sie war der gleichen Meinung wie meine Mutter und mein Bruder. »Warte noch eine Stunde und dann kann es sein, dass die Streckkrämpfe vorbei sind. Auch ich glaube, so wie mir die Lage geschildert wird nicht, dass Sam leidet.« Thomas schaute nun immer wieder auf die Uhr und meine Mutter stand mit ihren siebenundachtzig Jahren in Sams Nähe und konzentrierte sich mit der Kraft des Gebetes auf ihn.

Die Abstände zwischen den monotonen Bewegungen wurden deutlich länger. Auf den Schlag eine Stunde, nachdem der Spuk begonnen hatte, verschwand er wieder. Sam lag nun unbeweglich auf seinem Bett. Seine Augen betrachteten nicht mehr das Außen. Es waren Augen, die nach innen gerichtet waren – das Andreaskreuz des Aufstieges fest im Blick. Noch einmal benetzte ich sein Mäulchen mit etwas Wasser. Mehr war nicht mehr zu tun. Wieder ließen wir ihn mit sich allein und setzten uns an den Esstisch. »Mutter, jetzt hast du über eine Stunde in gebeugter Körperhaltung bei Sam gestanden und gebetet. Dir muss doch davon dein kranker Rücken furchtbar wehtun«, sagte ich.

»Ich bemerke davon gar nichts, mein Kind, und werde auch später nichts davon spüren. Merke dir, was der Mensch aus tiefster Liebe tut, ist jenseits allen Schmerzes.« Nun fiel auch mir auf, dass ich in der ganzen Zeit, in der ich Sam pflegte, nicht das kleinste Zipperlein empfunden hatte. Ich war sogar in der Lage, mich trotz meines chronischen Rückenproblems in den Schneidersitz zu begeben und so auch lange Zeit zu verharren. Seit 1997, als ich einen schweren Bandscheibenschaden davongetragen hatte, war mir das nicht mehr möglich gewesen. Und nun ging es auf einmal wieder. Was der Mensch aus tiefster Liebe tut, ist jenseits allen Schmerzes. So ist das.

Thomas sah unterdessen sehr erleichtert aus, weil das Aufheulen unseres Hundes ein Ende gefunden hatte. »Es tut mir leid, dass ich euch mit meinen Äußerungen verunsichert habe,« sagte er. »Ihr hattet recht mit eurem Gefühl und ich bin jetzt froh, dass ihr nicht auf mich gehört habt.«

Ich antwortete: »Wenn du nicht so agiert hättest, wie du es getan hast, würden wir jetzt nicht wissen, dass der Anfall auch ohne Diazepam vorübergegangen wäre. Nur dadurch haben wir jetzt einen wichtigen Anhaltspunkt dafür, dass Sam auch nicht gelitten hat. Schließlich hatten Mutter und Beate recht, als sie sagten, dass der Anfall in der nächsten Stunde vorübergehen würde. Dann haben sie wohl auch recht mit ihrer Beurteilung über Sams Bewusstseinslage.« Sams Atemzüge waren weiterhin ruhig und tief. Sein Fell war schön und aufgeräumt, wie ein Hochzeitsanzug, den man trägt, weil einem besonderen Tag gehuldigt werden soll. Ich betrachtete voller Bewunderung für die Schöpfung auch diesen buschigen Schweif, mit dem er uns so oft in seinem Leben zeigen konnte, dass er Freude empfand. Und in die tiefsten Regionen meiner Seele brannte ich diesen vorwitzigen, schwarzen Seitenscheitel in seinem schneeweißen Gesicht. Dort in meine Seele nehme ich auch deine stahlblauen Augen, voller Kraft und Klarheit mit, die umrandet von einem perfekten, schwarzen Lidstrich, deine weißen Augenwimpern hervortreten lassen, in einzigartigem Ausdruck. Dein Körper ist der Spiegel der Seele – das gilt auch für Sam. Eine Seele so einzigartig, wie alle Lebewesen es sind und Spiegel aller göttlichen Schöpfung. Hier sind die Geheimnisse des Lebens zu finden und nur hier unter den Kindern der Liebe. Alles um mich herum war eingebettet in den unwirklichen Schein leuchtender Kerzen. Die große, weiße Kerze, die ich am frühen Abend für Sam angezündet hatte, schmolz dahin, wie die Flamme des irdischen Lebens. Das Fenster, aus dem heraus ich Sami im Garten so oft beobachtete, war geschmückt mit weihnachtlich glänzenden Sternen.

Die Atmosphäre des Sterbezimmers verdichtete sich und strebte erhaben auf den Punkt zu, der Zeit und Raum auflöst und das Tor zur anderen Welt aufschließt. Alle, die dabei waren, haben das gespürt und den Hauch einer friedvolleren Welt eingeatmet. Das ist der Atem, der nicht die Lungen flutet, – nein, das ist der Atem unserer Seelen. Jetzt war auch Tara bereit zu uns zu kommen. Den ganzen Abend lag sie in der Diele vor dem Wohnzimmer, in dem Sami lag. Jeder von uns ging abwechselnd auch zu ihr, um sie zu streicheln. Das Wohnzimmer betreten wollte sie nicht. Doch jetzt, plötzlich trat sie ins Zimmer. Sie ging zu Sam und schnupperte. Dann sah sie zu mir hoch und setzte sich neben mich. Im Widerschein der dahin tropfenden Kerzen fiel mein Blick nun auf ihren witzigen Seitenscheitel im schneeweißen Gesicht. Yin und Yang – das chinesische Symbol für die Gegensätze dieser Welt. Ihr Scheitel liegt auf der gegenüberliegenden Seite. Tara und Sam – unterschiedlicher können zwei Lebewesen nicht sein. Und doch gehörten sie zusammen. Wer die beiden nur oberflächlich betrachtete, konnte kaum einen Unterschied bemerken. Doch wer sich die Mühe machte sie genauer kennenzulernen, verstand schnell, dass abgesehen vom Aussehen ihrer Körper so gut wie alles unterschiedlich an ihnen war. In einer Hinsicht jedoch waren ihre Gefühlswelten fest miteinander verschweißt, nämlich in der Liebe und Treue zu dem ihnen anvertrauten Menschen. Wie glücklich ich bin, dass ihr mich ausgesucht habt, von euch zu lernen. Und wie perfekt ihr euch bei der Vermittlung meiner Lektionen ergänzt habt. Auch dich Tara liebe ich sehr. Einige Zeit später begleitete ich meinen Bruder auf die Terrasse. Er zog es vor nicht in Anwesenheit von Sam die Stimmung im Raum durch Zigarettenqualm zu stören. Es war mittlerweile fast 23:00 Uhr und die Luft glasklar und angenehm. Der Himmel war bedeckt. Nur ab und zu schien der Mond in vollem Rund auf uns herab und erinnerte daran, dass sich Kreise schließen – alle, gestern – jetzt-morgen-immer – in jedem Augenblick. Wie viele davon schließen sich in dieser Nacht? Ungezählte Kreise – jeder von ihnen ein besonderer. Es gibt nichts, was weniger besonders und weniger vollkommen seine Kreise zieht. »Ob er heute Nacht den Lebenskreis schließt?« fragte Günter. »Das weiß niemand von uns, aber es ist möglich,« antwortete ich. »Es ist alles so eigenartig,« fuhr Günter fort. »Vor längerer Zeit, als du und Thomas schon glaubtet, dass Sam bald stürbe, fragtet ihr mich, ob ich, wenn es soweit wäre, Thomas beim Grabzuschaufeln behilflich sein würde. Wenn Sam wirklich heute Nacht stirbt, dann ist das schon sehr außergewöhnlich. Denn bedenke nur, ich bin genau zwei Mal im Jahr bei euch auf Besuch, Weihnachten und zu Neujahr. Und ausgerechnet an einem dieser beiden Tage von 365 Tagen im Jahr, würde Sam beerdigt werden. Und ich könnte euch dabei sofort zur Verfügung stehen. Ich bin da und habe die Zeit dafür.« Daraufhin erwiderte ich: »Mein Gefühl sagt mir, dass Sam den Beginn des neuen Jahres in einer anderen Welt feiern wird. Ich wünsche ihm von ganzem Herzen, dass er das Gipfelkreuz bald erreicht hat. Welch ein Gefühl muss es sein, wenn man nach langem Aufstieg da oben auf seinem Berg steht und auf die Welt da unten herabblickt? Befreit von aller Last. Man wirft den schweren Rucksack seines Körpers mit all seinen alten Hindernissen von sich und muss eine Leichtigkeit empfinden, die wir nicht einmal erahnen können. Ach, – Günter, es ist Silvester – ein ganz besonderer Tag des Jahres. Du und Mutter seid bei uns und begleitet Sam bis zur Regenbogenbrücke. Sam scheint sich nicht zu quälen, denn sein Lebenskreis ist rund und ohne Groll. Ich glaube fest daran, dass er jetzt nicht mehr gegen den Abschied ankämpft. Er vertraut mir und spürt »Mutter kommt nach«. Es ist Vollmond an Silvester. Wie oft geschieht das? Mir kommt es vor, als solle das alles hier so sein. Da fällt mir zum Beispiel ein, dass in unserem Medikamentenschrank seit einem ganzen Jahr eine viertel Tablette Luminal gegen Epilepsie scheinbar nur darauf wartete, dass, wie zuletzt geschehen, Thomas zu mir sagte: »Gib Sam doch noch eine viertel Tablette zusätzlich.« Ich hatte diese viertel Tablette noch übrig gehabt. Vor einem Jahr musste die korrekte Dosis für Sam austariert werden. Wir kamen zu dem Schluss, dass anstelle von einer Ganzen plus einer viertel Tablette nur eine Tablette notwendig war. Eine viertel Tablette war nun übrig geblieben und die sollte wohl das Letzte sein, dass Sam gemeinsam mit ein bisschen Leberwurst zu sich nehmen würde.« »Ich hätte nie gedacht, sagte Günter, dass ein Hund, ohne Todesspritze, so würdevoll sterben könnte. Wer anders denkt, hat es nicht erlebt. Da mag so mancher meinen, dass alles hier sei nur eine besonders perfide Form der Tierquälerei. Nach dem Motto: Mit Spritze wäre das Tier längst schon von seinem Leiden erlöst und die Besitzerin verfolgt nur ihre eigenen egoistischen Ziele. Das Tier ist dabei ihr Opfer. Auch ich wäre vielleicht vor Wochen noch so eingestellt gewesen. Ich habe jedoch eine wichtige Sache gelernt. Es gibt nur einen Weg, Kopf und Herz in Einklang zu bringen. Zwischen Kopf und Herz gehört die Erfahrung. Diese drei Dinge in eine Form gegossen gebiert, wenn alles gut geht, die Weisheit. Fehlt nur ein Glied dieser Kette, so entsteht eine andere Form und das Ergebnis ist Dummheit und Vorurteile. Durch Sam durfte ich das nun endlich kapieren. Zukünftig werde ich offener sein gegenüber den Erfahrungen auch anderer Menschen. Nicht gleich mit einer vorgefertigten Meinung daherkommen, ohne deren Erfahrung einmal geteilt und mit meinem Verstand und Herz abgeglichen zu haben. Wer nur das Herz sprechen lässt, der kann niemals überprüfen, kann eine Täuschung nicht erkennen und handelt oft dumm. Wer nur den Verstand einsetzt, findet im günstigsten Falle am Ende heraus, dass das Wissen von heute der Irrtum von morgen ist. Häufig aber erlebe ich, dass viele, die den Verstand wie einen Gott verehren, Gefangene ihrer eigenen Sturheit sind. Geborgen in ihrer kleinen Welt lassen sie keine neuen Erfahrungen hinein, damit ihr so ordentlich zurechtgedachter Kosmos nur ja nicht aus den Fugen gerät. Sie müssten nämlich wieder ganz von vorne anfangen mit dem Bau einer neuen Weltsicht. All das hätte ich nicht so deutlich erkannt, wenn unser Sami auf herkömmliche Art und Weise diese Welt bereits verlassen hätte. Tiere sind auf ihre Art mehr als unsere Begleiter. Wenn wir es zulassen, können sie auch unsere Lehrer sein. Sam ist ein Lehrer und so einer in Menschengestalt hätte mir zu meiner Schulzeit sicher gut getan. Was lernen wir nicht alles in der Schule, das wir niemals mehr im Leben gebrauchen können. Die wirklich wichtigen Dinge lernen wir erst durch das Leben selbst. Solange wir nicht mit dem Lernen aufhören, sind wir lebendig und echt. Und nun lass uns ins Haus gehen, es ist ganz schön kalt geworden und in einer halben Stunde ist bereits Mitternacht.« Ich dankte innerlich dafür, einen so klugen Bruder geschenkt bekommen zu haben und war stolz darauf, dass so gut wie nie Disharmonien zwischen Mutter, Günter und mir geherrscht haben. Unsere Verbindung war allzeit getragen von gegenseitigem Vertrauen und Respekt. Eifersüchteleien unter den Kindern und dergleichen waren ein Fremdwort. So etwas ist das Ergebnis von Kommunikation eingebettet in das Gefühl, dass es jeder mit dem anderen gut meint, ohne der Versuchung nachzugeben, die eigenen Werte dem anderen aufzudrücken. Auch das ist ein großes, seltenes Geschenk, das es zu pflegen gilt. Im Pflegen sind wir keine Anfänger mehr. Als wir beide das Wohnzimmer betraten, sahen wir meine Mutter in einigem Abstand zu Sam wieder in gebeugter Haltung stehen. Sie sprach zu unserem sterbenden Familienmitglied und wiederholte fortwährend einen einzigen Satz. Ihre Stimme hatte den gleichen beruhigenden, weichen und tiefen Klang, wie ich ihn noch aus meiner Kindheit erinnerte, wenn ich einmal krank und hilflos in meinem Bettchen lag. Sie bemerkte kaum unsere Anwesenheit und sprach: »Männlein, du darfst gehen. Du darfst gehen. Männlein, du darfst gehen.« Sam atmete etwas flacher als zuvor. Keine Anzeichen von Schmerz und Qual. Thomas hatte sich, während Günter und ich auf der Terrasse waren, eine kurze Zeit in unser Schlafzimmer zurückgezogen. Gegen 23:45 Uhr kam er zurück und wollte Sam noch einmal streicheln. Ich selbst befand mich zu diesem Zeitpunkt in der Küche, andernfalls hätte ich ihm davon abgeraten, Sami jetzt zu berühren. Noch bevor Thomas unseren sterbenden Hund anrühren konnte, hob dieser nach stundenlanger Bewegungslosigkeit plötzlich den Kopf von seiner Unterlage. Er schaute Thomas mit vollkommen bewusstem, klaren Blick in die Augen. Dabei gab er einen kurzen und lauten Ton von sich, den ich auch in der Küche hörte. Dieser Laut war so voller Kraft, die man Sam in diesem Stadium nicht mehr zugetraut hätte. Sam war noch mal zurückgekehrt und machte Thomas unmissverständlich klar, dass es besser sei, ihn nicht mehr zu berühren. Thomas verstand ebenfalls Sami's Sprache und entfernte sich wieder von ihm. Es war das letzte Mal, dass ich Sams Stimme hörte. Zurück im Wohnzimmer fand ich ihn wieder ruhig und unbeweglich liegend vor. Er war zurück auf seinem Weg, den er ohne uns zu gehen hatte.

Erst Wochen nach seinem Tod würde ich verstehen, warum diese vermeintlich unnötige Störung auf seinem Sterbeweg geschehen sollte. Auch hier leistete eine geheimnisvolle Fügung ihren Beitrag. Thomas mit seinem Bedürfnis den geliebten Hund in der späten Phase seines Sterbens noch mal zu berühren, führte nämlich zu der Erkenntnis, dass der Sterbende uns die Bestätigung gab, dass unser Handeln, ohne Einfluss von außen durch eine Todesspritze, richtig war. Selbst noch kurz vor dem Erreichen seines Zieles war Sam in der Lage ins Bewusstsein zurückzukehren. Es liegt auf der Hand, was geschehen wäre, wenn wir den Tierarzt zwecks Einschläferung hinzugezogen hätten. Das wäre eine traumatische Störung für unseren Hund geworden und er hätte die friedvolle Stimmung auf seinem Weg mit einem letzten, kraftvollen Kampfakt begehen müssen. Seine Seele hätte hin und her gerissen von den Wogen ihrer aufgewühlten See geschäumt vor Ärger und Wut, wenn der Arzt ihn berührt hätte. Auf der Suche nach einer geeigneten

Vene wären lange Minuten vergangen und der Einstich wahrscheinlich noch nicht einmal beim ersten Versuch gelungen. Sam wollte keine Berührung, nicht von seinem geliebten Freund Thomas und schon gar keine Berührung durch einen Arzt. Er zeigte uns mit dieser kurzen Rückkehr ins Hier und Jetzt und seinem letzten Erheben seiner Stimme, dass alles rund wie der Mond am nächtlichen Silvesterhimmel war und für uns kein Hauch eines Zweifels mehr blieb. Die Würde der Menschen und der Tiere ist unantastbar. Dies ist ihr angeborenes Recht. Der Mensch sei der Hüter der Tiere, auf dass er seinem Stande gerecht werde. Das ist die Botschaft der Natur.

Es ist 24:00 Uhr. Ein Glas Sekt erheben wir und begrüßen das neue Jahr. Sam ist noch immer bei uns. Wir trinken auf ein frohes neues Jahr, auch für ihn. Thomas hatte eine kleine Batterie Feuerwerkskörper vorbereitet. Die wollte er in einiger Entfernung, sodass Sam nicht gestört würde, für ihn in den Himmel schicken, mit all unseren guten Wünschen. Alle gingen in den Garten. Durch die Terrassenfensterscheibe konnte ich Sam sehen, wie er im Wohnzimmer auf seinem Sterbebettchen lag. Die Vorbereitungen für das Feuerwerk waren noch nicht abgeschlossen, da sah ich, wie mein Bruder Günter wortlos zurück ins Haus ging und ich folgte ihm. Günter und ich blieben noch ein paar Minuten vor Sami's Bettchen stehen. Nochmals erschufen wir in Gedanken ein Abschiedsgeschenk aus Licht und Liebe für ihn und übergaben es der anderen Welt. Dort sollte es auf ihn warten, bis er endlich angekommen war, und aus einem Abschiedsgeschenk würde ein Begrüßungsgeschenk werden. Dann gingen wir zurück in den Garten und Sams Feuerwerk erhellte die kalte Nacht. Sein Feuerwerk im Hier sollte die Blaupause des Feuerwerks im Dort werden. Da waren sie wieder die Farben des Regenbogens – alle vereint in einer Explosion am nächtlichen Himmel. Mit dem Aufleuchten einer jeden Farbe verabschiedete ich Sam mehr und mehr mit dem Gefühl der Freude. Als das letzte Aufglühen des Feuerwerks in winterlicher Vollmondnacht erloschen war, begaben wir uns zurück ins Haus.

Die Atmosphäre des Raumes hatte den letzten Rest des Widerstandes gegen die Regeln der Natur fortgeschwemmt. Leise, Schritt für Schritt, näherten wir uns andächtig dem heiligen Altar der Kathedrale des Todes. Wir sitzen um den Tisch herum und warten. Ein paar am frühen Abend vorbereitete Fischschnittchen werden gereicht, denn vom Erhabenen zum Lächerlichen ist nur ein kleiner Schritt. Ich denke an das Feuerwerk, welches in diesem Jahr einem besonderen Anlass gedient hatte. Sam liegt unbeweglich und schön. Meine Großmutter kommt mir in den Sinn, wie sie in ihrem Sterbebett lag – ebenso unbeweglich und auf eine besondere Weise schön. Noch am Morgen ihres Sterbetages wollte eine Krankenpflegerin sie aus dem Bett scheuchen, damit sie besser gewaschen werden könne. Meine Großmutter lehnte dies ab und wollte einfach nur liegen bleiben. Da versuchte die Pflegehilfe an ihr zu zerren, damit sie sich aus dem Bett bewegte. Gebetsmühlenartig wiederholte sie ihre Worte: » Sie müssen gewaschen werden, wie jeden Tag. Stellen sie sich nicht so an.« Meine Großmutter wusste sich nicht anders zu helfen, als dieser zerrenden Pflegekraft gehörig in die Finger zu beißen. Ja, – auch Menschen beißen manchmal. Erst nachdem die Pflegedame ihren schmerzenden Finger unter Fluchattacken abwandte, hatte diese verstanden, dass sie die besagten Finger von der alten Dame zu lassen hatte.

Ich trinke ein Glas Sekt und höre der Unterhaltung am Tisch zu. Dann geschieht etwas, das sonst nicht vorkommt, wenn meine Familie zusammen ist. Ich höre mich, ohne nachzudenken, wie ferngesteuert, die Unterhaltung unterbrechen und sage: »So es ist Zeit zu gehen. Lasst uns den Kreis jetzt auflösen,« und erhob mich, gleichermaßen ohne weiter darüber nachzudenken, dass dies eine ziemlich unhöfliche Art der Verabschiedung war. Die anderen schauten etwas verdutzt, folgten jedoch meiner Aufforderung sofort und erhoben sich ebenfalls. Günter und Mutter wollten sich noch von Sam verabschieden und begaben sich zu seinem Bettchen, gefolgt von Thomas und mir. Als wir alle dort versammelt waren, sollten meine Worte, die ich eine Minute vorher so unbedacht ausgesprochen hatte, auch hier Wahrheit werden.

»Es ist Zeit zu gehen. Lasst uns den Kreis jetzt auflösen.« Sam machte in unserem Beisein seinen letzten Atemzug. Fast hätten wir es nicht bemerkt, denn lautlos schloss der Tod ihn in seine gütigen Arme.

Wären wir auch nur eine Minute länger am Tisch sitzen geblieben, so hätten wir Sams Übergang nicht wahrnehmen können. Die große Kerze, die ich am frühen Abend für Sam angezündet hatte, flackerte in ihren letzten Zügen. Sie wird bald erloschen sein. Sam bewegte noch einmal seinen Kopf in Richtung Nacken, bevor er ging. Die Blase ließ los, was vormals festgehalten wurde. Auf dem festlich geschmückten Altar des Todes übergeben wir in Demut und Vertrauen dieses Kind der Liebe. Unser treuer, geliebter Bruder Tod empfängt es in gleicher Demut und Andacht. Es ist 0:56 Uhr in unserer Welt, als Sam stirbt. Neujahrsnacht – der Jahreskreis beginnt von vorne, wie er es immer schon getan hat. Unsere Familie betrachtet mit liebevollen Augen den Körper des Tieres, das uns fast fünfzehn Jahre zur Seite stand. Wie schön er noch immer aussah. Die Augen wollten sich nicht schließen lassen. Ich ließ ab davon, es weiter zu versuchen. Mutter und Günter streichelten ihm über das Fell. Trauer war nicht spürbar in diesem Zimmer. Es war vor allem Erleichterung, die ich wahrnahm. Denn er hatte es endlich geschafft. Dann plötzlich, ich denke vielleicht drei Minuten später, erlebte ich etwas, dass ich bis zum heutigen Tage nicht fassen kann.

Als ich gemeinsam mit den anderen noch immer vor dem gerade verstorbenen Sam stand, spürte ich an meinem linken Bein einen Druck in Kniehöhe. Ich berührte mein Knie. Wie einen Donnerschlag erfasste ich, dass dieser leichte Druck an meinem Bein sich anfühlte, wie früher, wenn Sam zu mir kam, um sich an mich zu drücken. Unvermittelt rief ich laut in den Raum: »Nein Sam, geh' – du sollst gehen! Geh endlich!, schrie ich aus Leibeskräften, während ich in die Knie sank. Vor meinem inneren Auge sah ich viele, einzelne Lichtfunken mit einer rasenden Geschwindigkeit durch die geschlossene Terrassentür in das Zimmer fliegen. Im Raum standen sie in der Luft still – genau auf der gegenüberliegenden Seite von mir. All das geschah noch, während ich auf dem Boden kauerte und dieses merkwürdige Druckgefühl am Körper wahrnahm. Irgendwie vollzog sich in dieser Vision alles gleichzeitig. Gemeinsam mit meinem lautesten Aufschrei: »Geh endlich!« verlor mein Körper dieses Druckgefühl und ich spürte, dass Sam gemeinsam mit den Lichtfunken aus der Terrassentür hinaus entschwand. Meine Familienmitglieder nahm ich erst jetzt wieder wahr, wie sie über mich gebeugt und mit besorgtem Blick versuchten, mir aufzuhelfen. Doch gleich erkannten sie, dass ich keinen Nervenzusammenbruch erlitten hatte, denn ich stand auf, als wäre vorher nichts gewesen– kein Weinen – kein Schmerz. Das Einzige, das ich empfand, war die größte Erleichterung meines bisherigen Lebens, Demut und Freude. Die Terrassentür stand offen. Thomas hatte sie, ohne nachzudenken, geöffnet, als er mein Schreien hörte. Die Terrassentür, durch die mein Sam, während meine Augen geschlossen waren, entschwand. Man sieht nur mit dem Herzen gut, das Wesentliche ist für die Augen unsichtbar (Alexander Exupery). Ich glaube fest daran, dass mir mit meiner Vision ein Geschenk gemacht wurde aus einer jenseitigen Welt. Dieses Geschenk am Ende eines langen Weges war, dass ich den Übergang meines Hundes miterleben durfte – dort wo normalerweise kein Mensch aus dieser Welt schauen darf. Es war eine Rose und eine Rose ist eine Rose ist eine Rose (Gertrude Stein). Die Kerze, die den Sterbeweg unseres Hundes mitbegleitet hatte, war nun endgültig erloschen. »Schau nur Marina, rief Thomas. Es schneit! Schneeflocken, so dick wie mein Daumen, schau nur.« »Ich wünsche mir, dass, wenn du stirbst, der Schnee auf uns niederschwebt. Der Schnee, den wir beide so lieben und das Symbol unserer Verbundenheit.« Alle wussten, das waren meine Worte, die ich im Spätsommer des letzten Jahres zu Sam sprach. Es ist geschehen. »Das ist alles wie in einem Fellinifilm,« sprach Günter. Dann war es Zeit zu schweigen.

Mutter und Günter begaben sich in unser Gästehaus. Beeindruckt von den Ereignissen würden sie lange noch keinen Schlaf finden. Als die Beiden die Treppe zu unserem Anbau hinaufgestiegen waren, blickten Thomas und ich uns lange und intensiv in die Augen. Tara saß dicht neben uns. Thomas äußerte, während er sie streichelte, dann einen Wunsch: »Rinchen, lass uns Sami auf seinem Bettchen vor die Fensterscheibe unserer Terrasse verlegen. Mit dem Blick in Richtung Garten, den er so geliebt hat.« Die Augen meines geliebten Mannes füllten sich mit Tränen. Gemeinsam verbrachten wir unseren Liebling an den neuen Ort. Ich versammelte Kerzenständer um das Bettchen herum, welches mit einem weißen Laken überzogen war. Dann entzündete ich ebenso weiße Kerzen, während draußen der Schnee unaufhörlich herabflockte und die Umgebung, wie ein fließendes, lichtes Leichentuch verhüllte. Als wir unseren Liebesdienst erfüllt hatten, sagte ich: »Ich möchte noch nicht zu Bett gehen. Lass uns mit unserer Tara einen Nachtspaziergang machen.« Thomas war einverstanden und zu dritt schritten wir die Einfahrt unseres Hauses hinauf. Wir ließen den Schnee auf uns niederschweben, direkt in unsere Gesichter. Wir wollten keine schützenden Mützen tragen. Auch unsere Handschuhe ließen wir zurück. Es war unser Wunsch, die weiße Natur hautnah zu spüren. In der Ferne rief ein Käuzchen nach seinem Partner. Der Mond erhellte die Nacht, sodass der frisch gefallene Schnee seine blitzenden, funkelnden Eigenschaften entfalten konnte, und unsere Augen dies dankbar wahrnehmen durften. Als wir wieder zurück ins Haus traten, überkam auch uns die Müdigkeit und wir gingen zu Bett. Gegen 5:00 Uhr erwachten Thomas und ich fast gleichzeitig. Gemeinsam gingen wir hinunter zu Sam. Ich entzündete neue Kerzen. Sams Körper sah wunderschön aus auf seiner weißen Decke. Einige Zeit später wollte sich Thomas noch einmal hinlegen. Ich blieb derweil mit Sam allein im Wohnzimmer und hörte leise Musik. Zwei Lieder, die Udo Jürgens gesungen hat, wahrscheinlich nicht von ihm beabsichtigt, waren die Texte doch für das Thema Tod geeignet. »Ich wünsche dir Liebe ohne Leiden und eine Hand, die deine hält. Ich wünsche dir Liebe ohne Leiden und, dass dir nie die Hoffnung fehlt. Dein Leuchtturm steht nun anderswo und nicht mehr hier bei mir. Und auf dem Weg zum eigenen Licht sag, was wünschst du mir?…

Das zweite Lied, welches ich hörte, war: »Das ist dein Tag, dieser Tag der Blumen und Lichter… Fühl dich befreit wie von Liebe getragen. Das ist der Tag, dieser Tag, den du nie vergisst.

Anschließend hatte ich das Bedürfnis, auf unsere Küchenterrasse zu gehen, um dort im Mondlicht den immer noch niederfallenden Schnee zu bewundern. Es begann Tag zu werden. Zwischen Tag und Nacht gibt es einen langsamen Übergang, bei dem die Umgebung in ein blaues

Licht gehüllt wird. Das hatten wir auf unserer Winterreise in Lappland häufig beobachten können. Die nordischen Völker nennen das die blaue Stunde. Dieses Schauspiel zeigt sich nur für kurze Zeit, bis der Tag endgültig die Vormachtstellung übernimmt.

Als ich etwas später zurück ins Zimmer trat, saß Thomas auf der Couch, die gegenüber dem Terrassenfenster steht. »Ich dachte, du wolltest noch ein wenig schlafen, sagte ich.« »Das wollte ich auch, antwortete Thomas. Da hat mich aber etwas nicht gelassen.«»Wie meinst du das denn?« fragte ich irritiert. »Immer, wenn ich die Augen schloss, sah ich einen goldenen Lichtschein und irgendetwas in mir drängte mich, wieder aufzustehen. Einige Zeit versuchte ich dagegen anzukämpfen, denn ich bin wirklich müde. Bald erkannte ich, dass das sich dagegen Wehren zwecklos war. Somit stand ich auf. Und als ich hier so ohne dich auf der Couch saß, erkannte ich auch, warum ich gut daran tat, aufzustehen. Draußen ist jetzt die blaue Stunde und die sollten wir noch mal gemeinsam mit Sami genießen.«

Ich küsste Thomas die Stirn und setzte mich neben ihn. Wir schwiegen und genossen die stille Zeit mit Sam. »Kannst du dich erinnern, begann ich zu sprechen, als die blaue Stunde vorüber war, als du mir von deiner Vision erzähltest, nachdem du für Sami getrommelt hattest?« »Du meinst, als ich vor meinem inneren Auge den verstorbenen Sami sah?« »Ja und du sagtest, dass sich in seinen noch lebendig wirkenden Augen der Wald spiegelte«, erwiderte ich. »Geh jetzt und schau in seine Augen.« Thomas erhob sich und ging zu Sam. Seine Augen wirkten immer noch wie lebendig. Keine Eintrübung war sichtbar. Sie

glänzten. Und darin spiegelte sich der Wald, denn gegenüber dem Terrassenfenster stehen unsere Tannenbäume und hier beginnt der Waldrand. »Du hast recht, genauso sah es während des Trommelns in meiner Vision aus. Unglaublich!« Einige Augenblicke später sahen wir Mutter und Günter die Treppen unseres Anbaus herunter kommen. Sie blieben draußen vor dem großen Fenster zu unserer Terrasse stehen und schauten hinein. Dort standen sie, während der Schnee wie kleine Wattebäuschchen auf sie niederfiel. Sie betrachteten Sam, der umgeben von Kerzen so schön und friedvoll da lag. Ein mit rotem Papier umwickeltes Herz aus Schokolade war zu sehen, welches ich zu Sami gelegt hatte. Darauf stand »Danke schön«. Dieses Herz lag bereits seit einem Jahr auf dem Regal in der Küche. Burgfrau Annerose hatte es mir damals geschenkt. Entgegen meiner sonstigen Gewohnheit rührte ich es nie an. Warum ich es nicht verspeiste, darüber hatte ich nicht nachgedacht. An diesem besonderen Morgen des Neujahrstages jedoch fiel mein Blick darauf und ich verschenkte es weiter an meinen Sam, als Symbol meiner Liebe und Dankbarkeit. Gleich neben ihm befand sich auch ein brauner Stern mit goldenen Bändern umbunden. Diesen Stern hatte Janis, der Sohn meiner Freundin Beate, für Sam im Kindergarten gebastelt. Dies sollte versinnbildlichen, dass Sami`s Stern nun anderswo leuchtet. Nachdem Günter und Mutter das Haus betraten, brachte ich Stühle herbei, die ich im Halbkreis um unser verstorbenes Familienmitglied herum aufstellte. Günter und Mutter setzten sich. Für jeden gab es eine Tasse Kaffee. Das sollte reichen. Keiner wollte jetzt ein Frühstück zu sich nehmen. Thomas ließ die beiden Lieder von Udo Jürgens erklingen. »Ich wünsch dir Liebe ohne Leiden« und »Das ist dein Tag«. Die Atmosphäre war andächtig und erfüllt mit guten und liebevollen Gedanken. So saßen wir eine lange Weile – schweigend – im gemeinsamen Austausch allein durch unsere Gefühle, die unsere Herzen verströmten und dem Raum die Besonderheit eines Kirchenschiffes verliehen. Später erzählten wir uns dann lustige Geschichten, die wir mit Sami erlebt hatten. Alle hatten einen reichhaltigen Erinnerungsschatz parat. Wie die Eichhörnchen bereits frühzeitig ihre Nüsschen für den Winter sammeln, so hatten wir viele Sami-Erinnerungsnüsschen. Eine kostbare nach der anderen holten wir hervor. Günter und ich gingen irgendwann auf die Küchenterrasse, denn er wollte noch eine Zigarette rauchen. Da sagte er zu mir:

»Heute am frühen Morgen wurde ich wach. Ich sah auf die Uhr, es war genau 5:00 Uhr und ich hörte Glockenläuten. Sag mal, wie schräg sind die Leute auf dem Lande eigentlich drauf, so früh am Morgen solch einen Glockenkrach zu machen? Letztes Jahr auf Neujahr habe ich davon nichts mitbekommen. Mutter hat das nicht gehört, aber die trägt ja auch nachts kein Hörgerät.«

»Ich kann dir versichern Bruder Günter, dass ich und Thomas weder tagsüber noch in der Nacht Hörgeräte benutzen. Glocken erklingen hier um 5:00 Uhr morgens keine. Auch Thomas und ich waren um diese Uhrzeit bereits auf und da war gar nichts. »Am Alkohol kann das nicht gelegen haben. Den habe ich gestern ja nicht angerührt. Merkwürdig,« erwiderte Günter. Ich sagte: » Das Einzige, das mir dazu einfällt, ist: Um 5:00 Uhr morgens sind Sam und ich in der letzten Zeit immer aufgestanden. Kirchenglocken spielten für ihn zeit seines Lebens eine große Rolle. Wenn er die hörte, ließ er alles stehen und liegen, um zu lauschen. Sollten wir sonst keine Erklärungen finden, dann würde ich sagen, dass möglicherweise ein Teil deiner verschrobenen Seele in eine geistige Verbindung getreten ist. Vielleicht wird mit diesem Glockenläuten angedeutet, dass Sam im übertragenen Sinne aufgestanden ist. Symbolhaft dafür die Uhrzeit, nämlich 5:00 Uhr und Glocken rufen auf zum Gebet. Sie können Sinnbild des Glaubens sein, auch die Verbindung der materiellen Welt mit der Jenseitigen. Günter sprach: » Mittlerweile kann ich mir alles vorstellen. Mann ist das alles schräg hier.« Wir mussten lachen. Ich sagte: »Eigenartige Dinge geschehen. Oftmals sind es kleinste Mosaiksteinchen, die in ein großes Bild gehören, welches wir in seinem ganzen Ausdruck gar nicht oder erst viel später erkennen, Bruder Günter. Kannst du dich zum Beispiel noch an unser Silvesterfest vor einem Jahr erinnern? Damals haben wir zum Spaß noch am Neujahrsmorgen ein Bleigießen veranstaltet. Auch für Sami wollten wir Blei einschmelzen. Ich suchte ein Stück in Herzform aus, welches mit Goldfarbe bemalt war, und hielt die Flamme darunter. Es funktionierte nicht. Alle anderen Bleistücke, die für Thomas, Mutter, Dich und mich ausgesucht wurden, zerschmolzen. Nur das goldfarbene Bleiherz für Sam machte keine Anstalten, den Regeln zu folgen. Wir konnten das gar nicht glauben und versuchten es immer wieder.

Ohne Erfolg. Ich sagte, dass ich das Herz aufbewahren würde und seit dieser Zeit liegt es auf unserem Küchenschrank. Genau auf den Tag, ein Jahr später, würde dieses Herz wieder eine besondere Rolle spielen. Sami wird beerdigt. Sein Herz bleibt unzerstörbar. Über die Liebe, dessen Vertreter das Herz darstellt, sind wir verbunden, egal wo er jetzt gerade ist. Ich denke, vor einem Jahr bereits war Sams Weg vorgezeichnet. Ein Herz aus Liebe blieb zurück.« »Ja, das alles war genau heute vor einem Jahr, sprach Günter, während er nachdenklich die Stirn in Falten zog. Damals sahst du die Unzerstörbarkeit dieses Bleistücks als einen Hoffnungsschimmer an, dass Sam vielleicht noch länger bei uns bleibt. Das tat er ja dann auch noch ein ganzes schönes Jahr.«

Es war nun 11:30 Uhr geworden und mein Gefühl sagte mir, dass es langsam Zeit würde, den Körper unseres Hundes zu beerdigen. Eine große, rote Decke holte ich hervor, die unseren Sam in seinem Grab bedecken sollte. In sein blaues Halsband mit silbernen Sternen darauf machte ich einen Knoten, als Zeichen, dass er es nun nicht mehr benötigte und endgültig frei war. Sein Bällchen zerschnitt ich in zwei Hälften. In eine dieser Hälften gab Thomas etwas von der Leberwurst, die Sam so gerne mochte. Zu den Grabbeilagen gehörten dann noch etwas Schinkenwurst und das mit rotem Papier umfasste Schokoladenherz mit der Aufschrift »Danke schön«. Während Thomas und Günter das Grab vorbereiteten, saß meine Mutter noch eine Weile mit Sam allein im Raum. Dann kam Tara hinzu und ging zu Sams Körper. Sie schnupperte ein letztes Mal an ihm und setzte sich neben meine Mutter. Auch ich ging und streichelte zum Abschied sein weiches Fell. Wir ließen Sam auf dem weißen Bettlaken liegen. Thomas und Günter sollten ihn darin zu seinem Grab tragen.

Unter dem Laken auf dem Bettchen war noch ein Büschel von Sams Haaren zu finden. Diese letzte, kleine, haarige Windhose bewahre ich in einem kleinen Leinensäckchen bis zum heutigen Tage. Kurz bevor wir Sam zu seinem Grab trugen, ging Thomas hoch zu unserem Anbau, wo Günter und Mutter übernachtet hatten. Dort zündete er im Gedenken an unseren Hund seine Öllampe an. Er goss neues Öl hinein und diese Menge würde reichen, einen ganzen Tag zu brennen. In der Zeit, während Thomas die Öllampe entfachte, löschte ich unten im Wohnzimmer die Kerzen, die um meinen Sam herum aufgebaut waren. Dabei dachte ich: »Dieses Löschen der Kerzen soll verdeutlichen, dass Sams Licht nun in dieser Welt erlischt und in einer anderen Welt leuchten möge.« Alle begleiteten Sami nun auf seinem letzten Gang. Vor dem frisch ausgeschaufelten Grab legten wir ihn, gehüllt in das weiße Bettuch, auf die rote Decke, die ich für ihn ausgesucht hatte. Innerhalb weniger Minuten trübten sich die Augen unseres Hundes ein. Jetzt konnte man in ihnen den Tod erkennen. Das Leinentuch verknotete ich und wir senkten seinen Körper in das Grab, wo er in die Arme von Mutter Natur aufgenommen wurde. Der Kopf unseres geliebten Tieres lag in Richtung Osten, – da wo die Sonne aufgeht, und wo eine ganze Tannenbaumfamilie über seinen Körper wachen würde.

Es schneite ohne Pause, und nachdem wir ein letztes Gebet für Sam gesprochen hatten, begannen Thomas und Günter das Grab zuzuschaufeln. Auf dem Weg zurück zum Haus erinnerte ich mich an den Ort, an dem ich meine Kindheit verbrachte. Ich lebte damals in Düsseldorf im Stadtteil Derendorf. Wenn wir als Kinder aus dem Küchenfenster schauten, blickten wir direkt auf den angrenzenden Nordfriedhof. Häufig zogen Beerdigungszüge an unseren Kinderaugen vorbei. In den Endsechsziegerjahren des 20. Jahrhunderts gab es häufig von Blasmusik begleitete Trauerzüge. Schon die allerersten Erinnerungen meines Lebens hatten mit dem Tod zu tun, denn mein Bruder fuhr mich bereits im Kinderwagen auf diesem Friedhof spazieren. Als ich größer war, verbrachten meine Freundinnen und ich die Nachmittage häufig an diesem Ort, um zu spielen. Da war Leben mitten im Tod. Vielleicht fiel es mir wegen dieser frühen Erfahrungen recht leicht, mich mit dem Sterben und dem Tod auseinanderzusetzen. Ich empfand den Tod immer schon als natürlichen Teil des Lebens. Der Wohnort meiner Kindheit hieß »Am Tannenwäldchen« und als meine Eltern später entschieden von dort fortzuziehen, war das ganz schrecklich für mich. Ich nahm mir vor, wenn ich erwachsen wäre, das Haus am Tannenwäldchen 7 zu kaufen und dort wieder zu leben. Dieser Traum wurde niemals wahr. Heute lebe ich zwar nicht am Tannenwäldchen, aber dafür in einem Tannenwald. In einem Tannenwald hat auch Sam seinen Platz gefunden. Und dieser Platz gefällt mir noch weitaus besser, als die Stätte meiner Kinderzeit.

Gleich nach der Beerdigung half Thomas meiner Mutter einen kleinen Koffer in das Auto zu tragen, denn ihre Abreise stand bevor. Als er im Gästehaus den Koffer in die Hände nahm, fiel sein Blick auf die Öllampe, die er am Morgen entzündet hatte, mit einem Ölvorrat für einen ganzen Tag. Die Lampe war erloschen und darin war kein Tröpfchen Öl mehr zu finden. Ungläubig fragte er sich, wie das möglich war. Er hatte vormals schon häufig diese Lampe benutzt. So etwas war jedoch noch niemals vorgekommen. »Sein Licht ist in unserer Welt erloschen und leuchtet in einer anderen,« erinnerte ich mich an meine Gedanken, als ich vor der Beerdigung Sami's Kerzen im Wohnzimmer löschte. Entscheiden Sie selbst, ob das für uns unerklärliche Verschwinden des Ölvorrates als eine liebevolle Bestätigung angesehen werden kann, dass Sams Licht hier erloschen ist, um jenseits der Regenbogenbrücke zu leuchten. Mutter und Günter verabschiedeten sich und fuhren zurück nach Düsseldorf. Thomas errichtete eine kleine Gedenkstätte in unserem Meditationsraum, da wo er auch seine Trommel aufbewahrt. Er lehnte ein Bild unseres Hundes an eine Vase, in die er einen Tannenzweig stellte. Um die Vase mit dem davorstehenden Bild legte er eine Kette, die aus Schlangenknochen zusammengesetzt ist und Sams Bild an einer Stelle leicht berührte. Diese Kette war ein Mitbringsel von einer Reise nach Nepal. Thomas besuchte Anfang 2009 dieses wirtschaftlich arme Land mit seinen spirituell reichen Bewohnern. Ein alter Schamane übergab Thomas die Schlangenkette mit den Worten: »Diese Schlangenkette gehört zu unserer hochverehrten Gottheit, die die Hüterin der Erde ist. Dies ist Naga. Wir glauben an ihre Kraft, die sehr stark ist. Du verstehst unser Denken und liebst Mutter Natur. Darum soll diese Naga-Kette dich beschützen und dich an die Kraft der Erde erinnern. Und denke immer daran, die Erde braucht den Menschen nicht. Sie liebt den Menschen. Der Mensch braucht die Erde. Viele Menschen lieben nicht. Die Erde fordert den Ausgleich. Jede lieblose Handlung fällt auf den Menschen zurück. Was wir ausbeuterisch der Erde nehmen, wird uns genommen. Sie gleicht alles aus. Das ist ihre Natur.«

Thomas zeigte mir seine liebevoll angelegte Gedenkstätte für Sam. Wir hatten das Bedürfnis, gemeinsam zu trommeln. Thomas holte eine zweite Trommel, die er für mich aus Nepal mitgebracht hatte. Vor dem Bild, umrahmt von der Naga-Kette, trommelten wir nun wie zwei alte Indianer und vergaßen dabei Zeit und Raum. Unsere beiden Trommeln verschmolzen zu einer. Verbunden im Geiste, schlugen wir den gleichen Takt. Die Augen geschlossen, veränderten wir den Rhythmus unserer Schläge zeitgleich. Keine Absprache war nötig. Wir fühlten und mit dem Fühlen kam der Gleichklang. Es mochte fast eine Stunde vergangen sein, als wir unsere Trommeln zur Seite legten. Noch einmal fiel mir auf, dass ich keinerlei Beschwerden empfand, obwohl ich die ganze Zeit im Schneidersitz gesessen hatte. Mein Rücken war vollkommen schmerzfrei. Thomas wollte dann Sams Bild in die Hand nehmen. Als er es anhob, klebte es an der Stelle, an der die Kette das Bild berührte, daran fest. Es war nicht möglich das Bild von der Kette zu lösen, ohne es dabei zu beschädigen. Thomas ist ein naturwissenschaftlich ausgebildeter Mann, dem die physikalischen Gesetze dieser Welt genauestens bekannt sind. Doch auch hier konnte er sich nicht erklären, wie das Zusammenkleben der Kette mit Sams Bild zustande gekommen sein konnte. »Vielleicht soll das ja etwas bedeuten, sprach Thomas, Mutter Erde hat Sam angenommen und gibt ihn nicht mehr her.« Wir grinsten und diese Erklärung für das merkwürdige Geschehen gefiel uns gut.

Am Abend suchten Thomas, Tara und ich nochmals das Grab auf. Tara ging, wie es seit längerer Zeit schon üblich war, voraus. Am Grab angekommen, legte sie sich ohne Aufforderung davor und blieb unbeweglich so liegen, bis wir den Heimweg antraten. Ein Grablicht stellten wir auf und vier künstliche, rote Rosen sollten Sams frisches Grab schmücken, welches mittlerweile von einer dichten Schneedecke überzogen war. Der Schnee wird lange Monate nicht mehr weichen. Meine fünfundneunzigjährige Nachbarin Gerda wird mir später erzählen, dass ein so starker Schneefall in der Nordeifel seit dem Jahre 1939 nicht mehr vorgekommen ist. Ein sibirischer Winter im rheinischen Sibirien, wie unsere Gegend auch genannt wird. Und das passiert zu dem Zeitpunkt, als der sibirische Husky mit Namen Sam unsere Welt verlässt. Der Tod besucht uns manchmal mit einer Vielzahl von Symbolen des Lebens. Wir können lernen sie zu deuten und das ist hilfreich, um einen Blick hinter den Vorhang des Daseins erhaschen zu dürfen.

Die nächsten Tage verbrachten wir mit ausgiebigen Schneewanderungen in unserer schönen Gegend. Tara konnte sich nach langer Zeit mal wieder richtig austoben und wir genossen die neue Freiheit in vollen Zügen.

Die E-Mail, die ich einst meiner Schwester schrieb, als ich vor Jahren die Gartenzaun-Anstreich-Orgie bewältigte, um Sam mehr Freiheit auf unserem Grundstück zu verschaffen, bekam auch hier eine Bedeutung: »Wie oft im Leben sind wir Menschen so blöd und ahnen nicht, was noch auf uns wartet. Und nach einer gewissen Zeit der Einschränkungen folgt dann doch die Freiheit.«

Das galt für den verstorbenen Sam ebenso wie für uns, die wir zurückblieben.

Wichtige Erfahrungen, die den Rest unseres Lebens bereichern, wären jedoch ohne die Zeit der Einschränkungen nicht möglich gewesen. Gerne hätte ich unsere Erfahrungen auch mit der Tierheilpraktikerin geteilt. Tage vor Sams Tod musste ich ihr versprechen, sie anzurufen, um ihr zu berichten, auf welche Art Sam seinen Sterbeweg gegangen war. Nachdem ich ihr telefonisch mitteilte, dass Sam tot war, fragte sie mich: »Und Sam ist ohne Tierarzt und ohne Spritze gestorben?« »Ja, antwortete ich, und gerne würde ich sie zu uns nach Hause einladen, damit wir ihnen in einem geeigneten Rahmen die ganze Geschichte erzählen können.« Sie wollte sich bei uns melden, wegen eines Termins. Nie wieder haben wir jedoch etwas von ihr gehört. Wie sagte schon der deutsche Aphoristiker Ernst R. Hauschka?: »Aus der Art der Fragestellung sieht man, was jemand nicht wissen will.«

Die Tierhomöopathin wollte wohl keine Geschichte hören, die nicht in ihr Weltbild passte. Wochen später fand dann ein Telefonat mit einer entfernten Bekannten statt, die dem Berufsstand der Psychotherapeuten angehört. Ich hatte sie vor Jahren auf einem Weiterbildungsseminar kennengelernt. Als ich ihr erzählte, dass unser Hund, von dem sie wusste, wie sehr ich mich mit ihm verbunden fühlte, gestorben sei, packte auch sie sofort in ihre Therapeutenschubladenwelt. Sie versuchte mir einzureden, dass ich jetzt durch die verschiedenen Phasen der Trauerbewältigung zu gehen hätte. Da müsse nun in absehbarer Zeit auch noch eine Phase der Wut und Verzweiflung auf mich zukommen, die es zu bearbeiten gelte. »Warum sollte ich denn Wut und Verzweiflung empfinden?« fragte ich. Ihre bedeutungsschwangere Antwort lautete: »Weil das immer so ist.« Da war es wieder das Wort »Immer«. Dieses Wort, das meist auch noch seine Zwillingsschwester im Schlepptau hat mit Namen »Nie«. Diese beiden toleranzlosen Worte lassen unsere Weltsicht auf Mikrobengröße schrumpfen und ich wünschte, wir alle würden mit diesen beiden Tratschtanten vorsichtiger umgehen.

Ich erwähne nur der Vollständigkeit wegen, dass Gefühle wie Wut und Verzweiflung im Zusammenhang mit Sams Sterben niemals aufkamen. Manchmal jedoch ein bisschen wegen solcher Menschen, wie dieser Bekannten. Wie Felsen in der Brandung stehen sie da mit ihrem Halbwissen und reden anderen ein, dass sie gefälligst so zu empfinden hätten, wie sie es in ihrem Studium gelernt haben. Mag ja gut sein, dass die meisten Patienten, die die Praxis meiner Bekannten betreten, Wut und Verzweiflung empfinden. Aber dort gehen ja auch nur Menschen hin, die mit irgendetwas in ihrem Leben Probleme haben. Mit Wut und Verzweiflung im Bauch hat man ziemliche Probleme, die es natürlich zu lösen gilt. Solche Gefühlsregungen kommen da auf, wo man nicht im Reinen mit sich und den Geschehnissen um sich herum ist. Ich war und bin im Reinen mit allem, was geschah und dankbar meinen Hund so lange begleitet haben zu dürfen.

Mit der absoluten Sicherheit, dass mein Hund einen würdevollen Tod gestorben ist, stelle ich Ihnen, liebe Leser, nun die Frage: »Was verstehen Sie unter dem Begriff der Würde bei Menschen und Tieren? Wahrscheinlich haben viele von Ihnen sehr unterschiedliche Ansichten darüber. Das kann auch gar nicht anders sein, denn die Definition dieses Begriffes unterlag immer schon Schwankungen, auch im Spiegel gesellschaftspolitischer Ereignisse. Der an anderer Stelle dieses Buches bereits erwähnte Franz von Assisi war mit seiner Meinung, dass alle Lebewesen zu lobende Mitgeschöpfe seien, ein einsamer Rufer in einer endlos toten Wüste. Andere Superdenker, wie ein Philosoph mit Namen Immanuel Kant, wurden trotz der in meinen Augen unfassbar dummen Äußerungen nachhaltiger gehört. Er schrieb: »Also ist die Sittlichkeit und die Menschheit, sofern sie dazu fähig ist, dasjenige, was allein Würde hat.«

Onkel Kant war kein Freund der Tierwelt, aber auch zurückgebliebene, menschliche Kinder und Geisteskranke sollen in seiner penibel geordneten Welt keine Würdemerkmale gehabt haben.

Zu seiner Entschuldigung trägt nur bei, dass er nun mal auch nur ein Kind seiner Zeit (1724–1804) war und es selbst in den Hirnen großer Denker dunkle Ecken gibt. Kind seiner Zeit war da auch der Philosoph René Descartes (1556–1650) mit dem nicht weniger bekloppten Ausspruch: »Der Geist reduziert sich auf das Gehirn des Menschen. Der Rest der Welt ist Materie. Ein Tier ist ein Automat, entsprechend ausgestattet mit Uhrwerk aus Rädern und Federn.«

Alles klar, René-und die Welt ist eine Scheibe, um die sich das ganze Universum dreht. Damit die vorgenannten Geistesblitzer nicht so alleine dastehen, erwähne ich noch stellvertretend für die Dummheit und Arroganz der ganzen menschlichen Rasse, Aurelius Augustinus, den Kirchenlehrer der Antike (354–430). Der schrieb nämlich: »Aus ihrem Schreien können wir ersehen, dass Tiere qualvoll sterben; aber das tangiert den Menschen nicht, denn das Tier entbehrt einer vernünftigen Seele und ist deshalb nicht mit uns durch eine gemeinsame Natur verbunden.« Thomas von Aquin (1224–1274) hielt Tiere für irrationale Lebewesen, die keine unsterbliche Seele hätten. Daher warnt er davor, Tiere zu lieben und Freundschaft mit ihnen zu schließen.

Die meisten von Ihnen werden mir recht geben, dass die vorgenannten Äußerungen heutzutage nicht mehr haltbar sind. Tatsache ist aber, dass ein Tier nach wie vor in der Ausformulierung des Begriffes Würde keine wirkliche Rolle spielt.

Ein Hoffnungsstrahl am Himmel sind die Äußerungen von Papst Johannes Paul und Papst Benedikt XVI, die sich deutlich dahin gehend ausgesprochen haben, dass Tiere eine Seele besitzen. So hat sich die katholische Kirche endlich von dem zeitweiligen Gedankendurchfall vorhergehender Kirchenfürsten losgelöst.

Auf unser Rechtssystem haben solche Einsichten jedoch bis heute keinen Einfluss genommen. »Die Würde des Menschen ist unantastbar, aber sie berührt auch keinen.« Diese Erkenntnis des Immunologen Prof. Gerhard Uhlenbrock trifft haargenau meine Geisteswelt. Was dabei herauskommt, wenn wir uns als Menschen losgelöst von der uns umgebenden Natur betrachten und der veralteten Ansicht nachhinken, der Mensch sei die Krönung der Schöpfung und dürfe hemmungslos über alle anderen Lebewesen verfügen, sehen wir am heutigen Zustand dieser Welt und seinen Folgen. Wir bilden uns immer noch ein, dass der würdevolle Zustand angeboren und natürlich ausschließlich dem Menschen zugedacht sei. Und warum glauben wir das? Na, weil wir vernunftbegabte Wesen sind. Tiere gehen da leer aus, weil sie in den Augen der Menschen unvernünftig sind. Wie viele unvernünftige Menschen kennen Sie, liebe Leser? Oder sind Sie selbst auch schon mal unvernünftig gewesen? Richtig spannend wird es dann, wenn wir uns dem Thema Sterben im Zusammenhang mit unseren Würdevorstellungen nähern. Da heißt es auf einmal: »Das Tier sollte eingeschläfert werden, um würdevoll sterben zu können.« Der Mensch verzichtet bei diesem Thema dann großzügig auf seine angeborene Würde und tritt den Sterbeweg in unseren Landen ohne Todesspritze an. Sterben Menschen etwa würdelose Tode? Wissen Sie von Tieren, die würdelose Tode gestorben sind? Sie sterben ihn jeden Tag in unseren Produktionsstätten der Fleischindustrie und anderen Bereichen der vernunftorientierten Menschenwelt.

Und was ist mit unseren Haustieren? Haben sie ein angeborenes Recht auf Würde und Unversehrtheit? Obwohl das Tier in unserer Gesetzgebung nicht mehr als Sache tituliert werden darf, hat diese Tatsache jedoch keinerlei Auswirkungen auf die Behandlung von Tieren. Denn oberster Leitsatz in unserem Rechtssystem bleibt, dass ein Tier zur Erfüllung der Bedürfnisse des Menschen auserkoren ist. Es dient keinem Selbstzweck.

Der Physiker Albert Einstein soll einmal gesagt haben: »Ein Mensch ist Teil des Ganzen, das wir Universum nennen, ein in Zeit und Raum begrenzter Teil. Er erfährt sich selbst, seine Gedanken und Gefühle als etwas vom Rest Abgetrenntes, eine Art optische Täuschung seines Bewusstseins. Diese Täuschung ist für uns eine Art Gefängnis, das uns auf unsere persönlichen Wünsche und die Zuneigung zu einigen wenigen uns nahestehenden Personen beschränkt. Es muss unsere Aufgabe sein, uns aus diesem Gefängnis zu befreien, indem wir unser Mitgefühl ausdehnen und alle Lebewesen und die ganze Natur darin einschließen.«

Ich habe erfahren, dass mein Hund und ich gemeinsam ein langes, wunderschönes Leben führen konnten. Wir waren in einer freundschaftlichen Weise verbunden. Er akzeptierte und liebte mich so, wie ich bin. Das tut jeder Hund. Ich griff nicht in seinen Charakter ein, ließ ihn ungebrochen, körperlich und seelisch unkastriert und am Ende auch im Einklang mit den Gesetzen seiner Natur dem Tod begegnen. Liebe bedeutet den anderen, sich selbst sein zu lassen und ihn so zu lieben, wie er ist. Mir ist das gelungen und ich hoffe für Sie liebe Leser, dass Sie ein solches Glück mit ihren Lieblingen auch erfahren mögen. Dann geben sie sich und ihren Tieren die Würde, die jedes Lebewesen verdient hat. Würde ist eine innere Haltung, die in meinen Augen unabhängig von äußeren Umständen angelegt ist. Sie kann jedoch verloren gehen. Würde verliert man da, wo man sie dem anderen Lebewesen nicht zugesteht. Tiere sind mehr als unsere Begleiter. Sie können alle Rollen annehmen, die wir in ihnen erkennen. Sie sind Kinder, Freunde, Schüler, Lehrer. Häufig sind sie Sklaven einer dumpfen Umwelt. Passen sie gut auf sie auf, damit es immer weniger Sklaven und immer mehr echte Freundschaft zwischen Menschen und ihren Haustieren gibt. Lassen sie mich dieses Buch beenden mit den Worten des Schriftstellers John Cowper Powys: »Tod und Liebe-in diesen beiden allein lag die letzte Würde des Lebens.«

Nachtrag

Fast ein Jahr nach Sam's Übergang sollte auch Kimba, der Jagdhund der Burgfrau Annerose, in die andere Welt reisen. Lesen Sie hier, wie ihr Sterben geschah:

Am Abend des 17.11.2010 entschloss ich mich das Bettchen, auf dem mein lieber Sam den Weg in den Tod fand, an Kimba abzugeben. Es war mir sehr wichtig, dass die Übergabe noch an diesem Abend erfolgte, obwohl dafür scheinbar kein besonderer Anlass bestand. Annerose war mit dieser Vorgehensweise sofort einverstanden. Mit viel Liebe und Sorgfalt betteten wir Kimba auf das weiche Futon-Bettchen. Thomas sagte dann: »Ich glaube, dass Kimba noch in dieser Woche versterben wird.« Kopfnickend stimmte ich ihm zu. Dann traten wir unseren Heimweg an. Als wir zu Bett gingen, betete ich, wie so häufig in letzter Zeit, und bat um einen sanften, baldigen Tod für den Münsterländer Jagdhund Kimba. Das erste Mal in meinem Leben bat ich auch den Heiligen Pater Piu um eine Fürbitte. Eine Stimme in meinem Kopf antwortete: »Deine Bitte wird erhört.« Danach schlief ich ein. Um 1:00 Uhr in der Nacht klingelte das Telefon und Annerose bat mich zu ihr zu kommen, denn sie glaubte, dass Kimba stürbe. Thomas fuhr mich zu ihr und ich sah; Kimba war auf dem Weg endlich loszulassen. Wir säuberten sie von den Loslassspuren, die ihr Darm und ihre Blase zeigten. Dort lag sie dann auf dem Sterbebettchen, welches vor fast einem Jahr meinem Sam eine weiche Unterlage geboten hatte.

Sie hielt eine Spitze des Bettlakens in ihrem Mäulchen. Ihr Mäulchen hielt daran fest, wie ein junger Welpe die Zitze seiner Mutter. Eine kleine, weiße Decke legten wir über ihren schwachen Körper, der unter einem großen Avocadobaum lag. Annerose hatte vor langer Zeit einmal einen Avocadokern in einen Blumentopf gepflanzt. Daraus wurde ein prachtvoller Baum. Ein paar Wochen vorher stand er noch auf Anneroses riesiger Terrasse und damit er den nahenden Winter überstehen konnte, wurde er ins Wohnzimmer transportiert, um dort zu überwintern. Dass dieser Baum rechtzeitig vor dem ersten Nachtfrost des Jahres seinen Weg in den Wohnraum der Burg fand, war einer dieser geheimnisvollen Fügungen, die man erfährt, wenn man einen

Weg mit ganzem, liebevollen Herzen beschreitet. Ähnliches hatte auch ich mit meinem Hund erleben dürfen. Annerose hatte niemanden finden können, der ihr den Baum in die Wohnung stellte. Selbst war sie körperlich nicht dazu in der Lage. Auf einem ihrer Spaziergänge mit Kimba, traf sie Burgnachbarn, denen sie davon berichtete. Die jedoch waren auch nicht fähig ihr behilflich zu sein. Nach diesem Spaziergang setzte Annerose sich in ihr Auto, um einer alten neunundachtzig jährigen Freundin einen Überraschungsbesuch abzustatten. Dann passierte etwas sehr merkwürdiges. Auf halbem Wege dorthin, wendete Annerose ihr Auto und fuhr zurück nach Hause. Sie dachte nicht einmal darüber nach, warum sie das tat. Sie fühlte sich wie ferngesteuert. Gerade als sie an ihre Haustür kam, fand sie dort zwei Menschen vor, die sie nicht kannte, jedoch zu ihr wollten. Es stellte sich heraus, dass dieser Mann und seine Frau von den Burgnachbarn erfahren hatten, dass Annerose Hilfe benötigte, wegen ihres Avocadobaumes. Sie boten ihr an, diese Arbeit für sie zu verrichten. Zwei Fremde, die helfen wollten! Wäre Annerose zu ihrer alten Freundin gefahren, so hätten diese Mitmenschen ihre gute Tat nicht vollbringen können. In der darauffolgenden Nacht brach der erste Frost in den Burggarten ein. Ein einziger Tag, eine einzige Handlung, ein einziges Gefühl, dem gefolgt wurde, ließ den Baum überleben. Eine Fügung, weil die Dinge sich fügten.

Kimba sollte im Schutz der großen Blätter dieses Baumes, der zu der Familie der Lorbeergewächse gezählt wird, ihren Weg zu Ende gehen dürfen. Es war ein fast unwirkliches Bild einen solchen Baum in einem Wohnraum zu sehen, darunter das sterbende Tier auf seiner warmen, weichen, weißen Decke. Die Atemzüge waren regelmäßig und ruhig. Wieder einmal beobachtete ich, mit welcher Hingabe Tiere sterben und sich widerstandslos den Gegebenheiten anpassen. Die Nacht sollte ich mit Annerose gemeinsam hier verbringen. Thomas fuhr zurück nach Hause. Er entzündete dort Kerzen für Kimba und Annerose tat das gleiche in ihrem Heim. Die klassische Musik, die Kimba so häufig in ihrem Leben hörte, wurde auch jetzt gespielt. Wir waren überzeugt davon, dass diese besondere Stimmung und die Musik dem Tier Hilfestellung zu geben vermochte. Ab und zu ging Annerose zu ihrer geliebten, hündischen Gefährtin und streichelte sie, küsste ihre Stirn und diese beantwortete solch Geste mit einem leisen Gurren. Wenn Annerose sich wieder von ihr entfernte, schwieg Kimba und Stille ging von ihr aus, die den Raum durchflutete. Immer wieder sprach Annerose diesen magischen Satz, der für Kimba in all den Jahren so wichtig war: » Alles ist gut-alles ist gut.« Wie oft hatte Annerose diesen Satz bereits ausgesprochen, seit Kimba in ihr Leben trat – unzählige Male! Angefangen hatte sie damit, als sie die junge Kimba aus den unbarmherzigen Händen eines Mannes entgegennahm, der das Tier im dunklen Keller gehalten, geschlagen und verflucht hatte. Denn sie sollte ein Jagdhund sein und auch so parieren. »Die ist nicht für die Jagd zu gebrauchen. Nehmen sie die von mir aus, über den Preis werden wir uns schon einig.« Die junge Hündin war so ängstlich, dass sie sich nur kriechend vorwärtsbewegte. Und nach und nach, mit Anneroses Geduld, die nur ein Mutterherz aufbringt, schwand Kimbas Angst und wich einem neuen Selbstbewusstsein, das ihr restliches Leben begleiten würde. Diese magischen Worte: »Alles ist gut – alles ist gut« – gesprochen von einem Menschen, der Angst, Einsamkeit und Misstrauen selbst kennenlernen musste und deshalb dieses geschundene Tier so gut verstand.

Im Sterbezimmer nun saßen wir am großen, runden Holztisch und tranken ein Glas Sekt. Annerose erzählte von sich und dem Leben mit Kimba. Unsere Augen immer wieder liebevoll auf das Tier gerichtet, welches seinem Ende in dieser Welt mit festem Schritt entgegen ging. Später dann ließ Kimba noch ein wenig Urin. Eine Seite Küchenrolle nahm ihn in sich auf. Wie ich es bei Sam erleben durfte, so gab es auch hier keine Anzeichen von Schmerzempfinden. Das sollte bis zum Schluss so bleiben. Später wird mir Annerose erzählen, dass sie in der Nacht vor Kimba's Tod mit ganzem Herzen dafür gebetet hatte, dass sie noch in dieser Woche versterben möge. Auch ihre Bitte sollte erhört werden.

Über ein halbes Jahr hinweg begleitete sie ihren Hund, der mit kleinsten Schritten seinen Weg zu gehen hatte. Die Spaziergänge, die vormals mit kraftvollem Springen und Rennen und Holzbalkenschleppen verliefen, wurden immer gemächlicher und kleiner, jedoch nicht weniger schön. Denn als die Kraft geringer wurde, verbrachten die Beiden viel Zeit einfach nur gemeinsam im Gras zu sitzen und diese Augenblicke intensiv zu genießen. Annerose lernte genau auf den Geruch des Grases zu achten. Sie entwickelte dabei eine Art »Hundenase« und gemeinsam genossen die Burgfrau und der herzkranke Münsterländer, als eine blaue Libelle über ihren Köpfen kreiste. Die spätsommerliche Sonne wärmte dabei ihre Gesichter. Kimbas unbändiger Jagddrang war zu dieser Zeit bereits annähernd erloschen. Ihr physisches Herz, welches durch die Krankheit so groß wurde, wie die Liebe zu ihrer Annerose, ließ dies nicht mehr zu. Durch die Zeit der Krankheit und zunehmender körperlicher Schwäche, wuchsen Annerose und Kimba seelisch immer näher zusammen, bis sie am Ende eine ganz besondere Einheit wurden. Annerose erkrankte zwischenzeitlich an ihrem linken Bein und dieses schmerzte. Zeitgleich begann Kimba zu hinken, denn eines ihrer Hinterbeinchen begann Kraft zu verlieren. So sah man die Beiden gemeinsam durch den Garten humpeln. Der Eine stützte mit seinem Da-Sein den anderen auf zu Tränen rührende Weise. Das ist Liebe! Dieses stützende füreinander Da-Sein sollte mit dem Tod erst enden. Das ist Treue! Ohne die Tötungs-Spritze eines Tierarztes. Das ist Vertrauen! Dieses Vertrauen wurde, wie auch bei Sam, nicht zerstört.

Um 5:00 Uhr am Morgen des 18.11.2010 begann sich ihr Mäulchen leicht zu öffnen. Die kleine Spitze des Bettlakens, an dem sie all die Stunden festhielt, schien nicht mehr wichtig. Die Augen starr geradeaus gerichtet. Das Öffnen des Mäulchens zeigte mir an, dass es bald soweit war und ich rief Annerose zu mir. Dann plötzlich, nach stundenlangem Schweigen, durchbrach Kimbas Stimme ein letztes Mal die Stille des Raumes – ein kurzes, ach so kraftvolles Bellen und danach ein mehrmaliges Junksen. Es hörte sich an, als ob sie irgendjemanden begrüßen wollte. Es war kein leidvolles, sondern ein freudiges Junksen, wie wir es im Leben so typisch von unseren tierischen Begleitern her kennen. Kimba bewegte anschließend mehrmalig ihren Kopf hin und her – als müsse sie den letzten Rest ihrer Seele aus ihrem Kopf hinausschütteln und streckte die Hinterbeinchen in Richtung Po. Dann atmete sie ein letztes Mal. Vorbei – wie ein leiser Windhauch schwebte Kimbas Seele hinaus in die große Freiheit. Annerose konnte nicht fassen, wie schnell der Moment, auf den wir warteten, eintreten konnte. Das Herz stand still. Die Seele befreit. Wie schön der Körper aussah. Wo waren die Zeichen von Angst, Qual und Schmerz? Wir konnten zu keinem Zeitpunkt dieser Nacht dergleichen entdecken.

Ich ließ Annerose ein wenig mit Kimbas Körper allein und ging im Burggarten umher. Zunächst regnete es. Doch bald ließ der Regen nach. In einem kleinen Innenhof fand ich die Statue des Heiligen Johannes Nepomuk und näherte mich ihr langsam. Nie zuvor hatte ich auf diese Statue geachtet. Nun wunderte ich mich, dass sie mir nie aufgefallen war. So schaute ich in dieses in Stein gemeißelte Gesicht. Den Zeigefinger der rechten Hand hielt er als Zeichen der Verschwiegenheit vor seinen Mund – in der anderen Hand einen Mistelzweig. Ja, – Stille, Schweigen und Frieden – das sind die Geheimnisse, denen wir im Sterben auf besondere Weise begegnen und die unser Leben verändern und uns zuversichtlich werden lassen, dass alles gut ist. Alles ist gut.

Es begann wieder zu regnen, als ich zurück zu Annerose ging. Später bat ich sie, sich in Ihrem Schlafzimmer auszuruhen. Ich selbst wollte

auf den Sonnenaufgang warten, der sich bald ankündigen wollte. Allein mit Kimbas Körper suchte ich nach Möglichkeiten den Ort, an dem sie lag, mit besonderen Dingen zu huldigen. Annerose hatte einen großen Strauß Rosen auf ihrem Wohnzimmertisch stehen. Drei Rosen, stellvertretend für Annerose, Thomas und mich löste ich aus diesem Strauß und legte sie zu Kimba. Ein gläsernes Windlicht, welches eine warme, erhabene Stimmung verbreitete, kam dazu und zwei Fotografien von Kimba, die wie für diesen Moment vorbereitet, auf Anneroses antikem Sekretär lagen. Das eine Foto zeigt Kimba mit Holzstöckchen im Mäulchen auf Annerose zugehen. Auf dem anderen Foto sieht man sie von hinten, wie sie von ihr fort geht. Das Leben ist ein Kommen und Gehen.

Am Mittag des 18.11.2010 holte Thomas den leblosen Körper und fuhr ihn mit Annerose zu dem Platz, an dem er seine letzte Ruhe finden sollte. In ein weißes Laken gehüllt, senkten wir Anneroses Gefährtin in die Erde. Wieder fanden sich drei Rosen, aus einem Strauß, den Annerose mir ein paar Tage zuvor geschenkt hatte. Wir warfen sie als Abschiedsgruß in das Grab. Dort bildeten sie auf dem weißen Laken, wie durch eine erneute Fügung, eine dreieckige Anordnung. Diese Anordnung erinnerte an die Form der Pyramiden. Man sagt, Pyramiden seien Orte der Kraft. Kimbas Grab wurde zu einem Ort der Kraft. Hinter dem Grab erhebt sich ein moosbewachsener Hügel und drei riesige Tannenbäume bieten Schutz.

Alles ist gut! Alles ist gut!

EIN NACHWORT VON RAINER HOLBE

Schon als im ersten Morgengrauen der Menschheitsgeschichte ein früher Urahn des heutigen Hundes auf einen jener klobigen Zweibeiner traf, der aus einem Baumwipfel kletterte oder sich aus seinem Erdloch hervorwagte, muss dies so etwas wie Liebe auf den ersten Blick gewesen sein. Zwar trat der Urmensch nach dem Tier, warf mit Steinen nach ihm, aber es floh nicht weiter als eben diesen Steinwurf weit. Als sie einander ansahen, Mensch und Hund, misstrauisch und drohend der eine, sanft und ergeben der andere, ahnten sie wohl, dass sie füreinander bestimmt waren.

Fast überall, wo Archäologen die Knochen des frühesten Menschen ausgraben, finden sie daneben die Skelette seiner Hunde. Es waren nicht die kärglichen Essensreste, die Hunde zum Bleiben animierten. Schließlich jagten sie mutig und listig jedes Wild, rissen es und vergruben sich gierig in das frische Fleisch. Mutig griffen sie Bären, Wölfe und Tiger an. Nur gegenüber den Menschen waren sie demütig. Starb einer Mutter ihr Kind, nahm sie ein Hundebaby an ihre Brust, damit die Milch sie nicht drängte – Mensch – und Hundejunge wuchsen auf als Milchgeschwister.

Als jener erste Hund zum Menschen kam, konnte er noch nicht bellen. Auch jeder Wildhund von heute versteht nur zu heulen wie sein Vorfahr aus der Urzeit und nur zu jaulen wie seine Verwandten Wolf, Schakal und Hyäne. Aber irgendwann in der Tiefe der Zeiten, da bellte der Hund zum ersten Mal. Er erfand eine eigene Sprache, die bestimmt, entwickelt und geübt worden ist nur zum Zweck seiner Verständigung mit dem Menschen. Mag sie auch nicht reich an Ausdrucksmitteln sein und auch nicht immer schön, als wolle sie nur drohen, schelten und keifen. Sie ergreift und rührt uns, weil wir spüren, dass sich hier eine Kreatur hinwegsetzen will über Grenzen, die ihr von der Natur gezogen wurden.

Freude und Schmerz

Dass Hunde, seit 14000 Jahren Begleiter der Menschen, Persönlichkeit entwickeln und Empfindungen wie Freude und Schmerz äußern, steht für moderne Verhaltensforscher außer Frage. Denn der entwicklungsgeschichtlich älteste Teil ihres Gehirns, das limbische System, ist beim Hund wie beim Menschen zuständig für Gefühl und Willen. Die Nähe zu uns Zweibeinern zeigt sich auch im Liebesleben. Viele Hunde paaren sich nicht einfach aufgrund von Instinkten, sondern sie umwerben und verlieben sich, und sie lehnen einander bei Nichtgefallen ab. Romantische Liebe, so die amerikanische Anthropologin Elizabeth Marschall Thomas, die 30 Jahre lang insgesamt elf Hunde beobachtete, sei kein Privileg der Menschen. Es gebe sie auch bei Tieren.

Hunde können Farben unterscheiden und Töne weit oberhalb der menschlichen Wahrnehmungsschwelle hören. Aber das Organ, aus dem sie ihre größte Freude beziehen, ist die Nase. Jeder Hund stellt sich einen schönen Tag so vor, dass er mit seiner Nase durch die Welt streunt. Für dieses Vergnügen ist er optimal ausgestattet. Während wir Menschen nur über fünf Millionen Riechzellen verfügen, besitzt ein Schäferhund 220 Millionen.

Hunde verfügen über viel Humor, den ein Hundehalter schnell erkennt, wenn er selbst mit dieser Gabe ausgestattet ist.

Zu den faszinierenden Begabungen, die etliche Hunde offenbar besitzen, gehören ihre scheinbar übernatürlichen Fähigkeiten, wobei wir inzwischen akzeptieren sollten, dass es sogenannte »übernatürliche Kräfte« nicht gibt, weil alles, was in der Natur geschieht, natürlich ist. Ohne Zweifel existieren Phänomene, die bisher nicht genügend erforscht und deshalb noch mit der Aura des Geheimnisvollen umgeben sind. Außersinnliche, das heißt außerhalb unserer menschlichen Sinne angesiedelte Fähigkeiten, besitzt fast jede Kreatur. Damit schafft sie sich eine eigene, von uns völlig unabhängige Erlebniswelt und damit auch ein spezifisches bewusstes Sein.

Außersinnliche Wahrnehmungen

Dr. Ute Pleimes von der Universität Gießen hat über Jahre hinweg Fälle von außersinnlicher Wahrnehmung bei Tieren untersucht. So berichtet sie von einer Frau, die eine Vorwarnung eines Hundes ignorierte, die ihr hätte das Leben retten können. Die Frau hatte sich das Auto eines Nachbarn geliehen, dessen Hund alles tat, um sie daran zu hindern, fortzufahren. Er knurrte zornig und versuchte, ihr die Schlüssel aus der Hand zu schnappen. Sie hatte Mühe, das Tier fortzuscheuchen, und als sie abfuhr, folgte ihr der bellende Hund, bis sie ihn weit hinter sich gelassen hatte. Eine Stunde später geriet der Wagen ins Schleudern und raste gegen eine Mauer. Die Frau überlebte das Unglück nicht.

Jeder, der mit einem Hund lebt, wird dessen einzigartige, unverwechselbare Persönlichkeit und seine ganz unterschiedlichen Fähigkeiten beobachten. Hunde reagieren aufgrund ihrer biologischen Möglichkeiten auf Signale, die der menschlichen Wahrnehmung entgehen. Neben ihrem bereits erwähnten ausgeprägten Hör – und Geruchssinn besitzen sie ein außergewöhnlich gutes Orientierungsvermögen, das sie lange Wanderungen durch völlig unbekanntes Gebiet unbeschadet überstehen lässt. Mit anderen Tieren wie , Gänsen und Katzen teilen sie wohl auch das Talent des Vorauswissens, der Präkognition. Es gibt momentan noch zu wenig wissenschaftlich gesichertes Material, um ihnen schlüssig auch die Begabung zur Telepathie nachzuweisen. Persönliche Erfahrungsberichte von Tierhaltern gibt es jedoch viele. Ein Grund für den englischen Biologen Professor Rupert Sheldrake, mit seinen »sieben Experimenten, die die Welt verändern können«, sich auch der wunderbaren Fähigkeiten unserer Hunde anzunehmen, ihre Intelligenz nachzuweisen und damit ihren Stellenwert in unserem Denken zu verändern.

Eines ist längst klar: In ihren Grundbedürfnissen sind Hunde den Menschen sehr ähnlich. Sie wollen, dass Männer, Frauen und Kinder in ihrem Leben zusammenbleiben, sich nie verändern, sie nie verlassen und einander immer mögen.

Das über die Jahrtausende währende Verhältnis zwischen Mensch und Hund ist eines der größten Mysterien unserer Welt. Es scheint, als ob vom Anfang der Zeiten an dem Hund die Liebe zum Menschen im Gesicht geschrieben steht; sie gehört zu seiner Bestimmung.

Tod und Sterben

Es gibt kaum ein Kind, dass sich nicht einen Hund als Spielkameraden wünscht. Meinem Enkel Leo habe ich diesen Wunsch gerade ausgeredet. Er lebt in einer Stadtwohnung, seine Eltern sind berufstätig und wenn er aus der Schule kommt, dann isst er bei uns zu Mittag und macht danach seine Schulaufgaben. Fazit: Leo hat überhaupt keine Zeit für einen Hund und seine speziellen Bedürfnisse.

Ich sage dies, obwohl in meinem Leben Hunde stets eine große Rolle gespielt haben und auch Leos Mutter Julia zuerst mit dem Bernhardiner »Josef« und danach mit dem Neufundländer »Bobby« aufgewachsen ist.

Es war ein glückliches Leben, das – wie in diesem Buch ja liebevoll beschrieben – nach einer Anzahl von guten Jahren sein Ende gefunden hat. Julia und ihre Schwester Miriam wurden zum ersten Mal mit dem Tod eines Lebewesens konfrontiert.

Tod und Sterben sind ein noch weitgehend unbewältigtes Kapitel in unserer Gesellschaft. Während in früheren Zeiten – aber auch in zeitgenössischen Stammesgemeinschaften der Erde – die Geburt und der Tod als Teil eines natürlichen, großen Ganzen gesehen werden, weigern sich die meisten Menschen in den Industrie-Nationen noch immer, auch die spirituelle Dimension ihrer Existenz zu akzeptieren. Indem sie sich nur als Körper wahrnehmen, fürchten sie den Tod als Ende ihres aktiven Lebens. Diese Angst wird von den Tieren ihrer Umgebung oft übernommen. Verwirrt reagieren kranke Haustiere und wilde Tiere in Gefangenschaft auf die Gefühlszustände ihrer Besitzer. In Todesnähe fühlen sie sich gedrängt, entweder lebensverlängernde Maßnahmen geduldig über sich ergehen lassen zu müssen, oder einem viel zu zeitigen Einschläferungstod ausgeliefert zu sein, anstatt würdig und friedvoll zu sterben.

Die Lebewesen dieses Planeten haben einen starken Selbsterhaltungstrieb und vermeiden Situationen, die sie in Gefahr bringen. Angstvolle Todeserwartung jedoch ist den meisten Tieren in freier Natur fremd. In Asien und Afrika gibt es riesige Tierfriedhöfe, auf die sich Elefanten, Guanakos oder Leoparden zurückziehen, um dort zu sterben. Alte und kranke Gnus überlassen sich oft Raubtieren.

Als Spiegelbild menschlicher Ängste und Hoffnungen präsentieren sich dagegen die Tierfriedhöfe der westlichen Welt. Auf der bewaldeten Seine-Insel Asnière in der Nähe von Paris liegen tausende von Hunden und Katzen in moosbewachsenen Marmor-Mausoleen oder unter Grabsteinen, die mit den Fotos der Vierbeiner geschmückt sind. Zur Bestattung kommen die Hinterbliebenen nicht selten in Trauerkleidung.

Ähnlich wie manchen todkranken Menschen in der Anonymität von Intensivstationen ein Abschied in Würde verweigert wird, verlängert man auch das Leben von Tieren in oft unerträglicher Weise. Auf der anderen Seite gibt es auch wiederum diejenigen, die Tiere einschläfern lassen wollen, sobald sie nicht mehr wie gewohnt funktionieren.

Der Tod eines Lebewesens ist so individuell, wie sein Leben gewesen ist. Verhaltensforscher beobachten immer wieder, dass sich viele Tiere bewusst entscheiden, wann, wie und wo sie sterben wollen. Was manchmal wie ein Unfall aussieht, kann ein bewusster Schritt des Tieres gewesen sein.

Wenn Theologen, Spiritualisten und manche unserer Physiker recht haben, ist Bewusstsein auf dieser Welt unendlich, grenzenlos und unauslöschbar. Wenn es keinen Tod gibt, sondern lediglich eine Veränderung von Seinszuständen, warum sollte dies dann nur für uns Menschen gelten? Noch wissen wir zu wenig von den Abläufen zwischen Geburt, Leben und Tod, als dass wir uns eine Existenz jenseits unserer momentanen Dimension vorstellen können. Für die Beschreibung eines bewussten Seins außerhalb von Raum und Zeit fehlen uns schlicht die Worte, gibt es nichts vergleichbares in dieser Welt.

»Tiere sind spirituelle Wesen in Tierkörpern, so wie wir spirituelle Wesen in Menschenkörpern sind«, sagt Penelope Smith.

Neben dem Rätsel von der Entstehung des Universums bildet unsere Suche nach Bewusstsein das äußerste Streben des menschlichen Geistes nach Erkenntnis. Dabei sind wir auch stets auf der Suche nach uns selbst.

Geburt und Tod markieren wesentliche Stationen unserer Existenz. Von Kindern und Tieren können wir lernen, unser Dasein stets aus einer anderen, wundervollen und neuartigen Perspektive zu betrachten. Auch die Gelassenheit unserer Mitgeschöpfe vermittelt uns viel von jenem Urvertrauen, mit dem wir einst in diese Welt getreten sind.

Sterben und Tod sind stets verbunden mit Trauer und Schmerz. Dabei ist es erst einmal gleichgültig, ob wir uns von einem Tier- oder Menschenwesen verabschieden, oder ob der große Kirschbaum in unserem Garten gefällt werden musste. Wir sollten glücklich und dankbar darüber sein, dass sie alle unser Leben durch Anmut, Liebe und Selbstverständnis bereichert haben.

Frankfurt am Main, im Sommer 2011

ÜBER DIE AUTORIN

Marina Hirt wurde 1964 in Düsseldorf geboren. Sie ist Heilpraktikerin, MET- und Hypnosetherapeutin. Sie war als ehrenamtliche Mitarbeiterin in einem Hospiz tätig und lebt heute in der Nordeifel.

Kontakt: mail@marina-hirt.de
             www.marina-hirt.de

Michaels Verlag & Vertrieb GmbH
Ammergauer Str. 80 - 86971 Peiting, Tel.: 08861-59018
Fax: 08861-67091, e-mail: mvv@michaelsverlag.de
Internet: www.michaelsverlag.de

Manfred Kyber
DIE DREI LICHTER DER
KLEINEN VERONIKA
Euro 6,50
ISBN: 978-3-89539-633-5

Der Roman einer Kinderseele in dieser und jener Welt .

In der Mitte steht das mit wunderbarer Zartheit umrissene Seelenleben eines Kindes, das in tiefem Einklang mit den geheimnisvollen Kräften der Natur steht, und aus seinem Schicksal quellen die tiefsten Erkenntnisse, da die Einsicht des Dichters über das "Nur-Psychologische" weit hinausgeht und ein metaphysisches Weltbild entwirft, das einen Weg aus den Irren einer materialistsichen Gegenwart zu zeigen berufen ist.

Denn das zweite tiefere Leben, das ursächlich hinter den Dingen und dem äusseren Geschehen steht, wird hier erweckt, mit allen seinen verborgenen und geheimnisvollen Zusammenhängen. In der Gralsidee, in der dieses Werk vergeistigter Intuition ausklingt, wird die Erlösung erschaut, aber nicht nur für den Menschen, sondern allumfassend auch für die Tiere, die Naturwesen-heiten und alles Lebendige.

Limitierte Sonderausgabe

Manfred Kyber
DIE DREI LICHTER DER
KLEINEN VERONIKA
Hörbuch 5 Audio-CD
Spieldauer ca. 365 Min.
Euro 9,95
ISBN: 978-3-89539-655-7

Ein spirituelles Hörbuch über das Leben hinter dem Leben. Das innere, tiefere Leben mit all seinen geheimnisvollen und verborgenen Zusammenhängen.
»Die drei Lichter der kleinen Veronika« ist das bekannteste Werk von Manfred Kyber und avancierte schon früh zu einem Kultbuch.

Die seelische Entwicklung der kleinen Veronika erinnert uns an die kostbaren geistigen Inhalte, die uns so nah sind, verborgen hinter dem Lärm des Alltäglichen. Manfred Kybers »Roman einer Kinderseele in dieser und jener Welt« ist feinste Nahrung für die Seele - ein lichtvoller Schatz voller spiritueller Wahrheiten.

Ungekürzte, inszenierte Lesung mit Musik von Chopin, Debussy, Brahms u.a.

Michaels Verlag & Vertrieb GmbH
Ammergauer Str. 80 - 86971 Peiting, Tel.: 08861-59018
Fax: 08861-67091, e-mail: mvv@michaelsverlag.de
Internet: www.michaelsverlag.de

Hartwig Hausdorf
Animal PSI -
Die geheimnisvollen
Fähigkeiten unserer
Mitgeschöpfe
19,80 Euro
ISBN 978-3-89539-490-4

Es läßt sich nicht mehr länger ignorieren, daß auch Tiere sowohl Bewußtsein als auch eine Seele besitzen. Pflanzen reagieren auf Gefühle und verfügen über ein Alarmsystem, das sie vor Gefahren schützt. Viele unserer Mitgeschöpfe sind sogar dazu fähig, Gedanken zu lesen.

Hartwig Hausdorf präsentiert hier eine geheimnisvolle Welt der Tiere und Pflanzen, die viele kaum für möglich gehalten haben. Er räumt auf mit dem überkommenen Klischee des Menschen als alleiniger „Krone der Schöpfung" und zeigt auf, dass es ein Überleben aller Wesen auf diesem Planeten nur geben kann, wenn wir unseren Mitgeschöpfen mit Achtung und Respekt auf gleicher Höhe begegnen!

Hans Andeweg
**In Resonanz mit
der Natur**
EUR 19,90 (Hardcover)
ISBN 978-3-89539-299-3

Das Buch behandelt das Thema "Kommunikation mit der Natur". Hier finden wir Impulse vom "sanften Umgang" mit der Natur. Andeweg berichtet von der Beobachtung, daß es den "Grünen Daumen" gibt, er schreibt über Radionik und bringt uns das Sprechen zu den Pflanzen und die Sprache der Bäume untereinander näher. Die Welt wird nach diesem Buch anders wahrgenommen.

Michaels Verlag & Vertrieb GmbH
Ammergauer Str. 80 - 86971 Peiting, Tel.: 08861-59018
Fax: 08861-67091, e-mail: mvv@michaelsverlag.de
Internet: www.michaelsverlag.de

Dieses Buch ist ein Schulungsweg, es ist ein fast kindlich anmutendes Werk, eine Meditation über die Reinheit. Einfach in der Sprache weckt es die „gute Seite" in den Seelen der LeserInnen.

Ein liebenswertes Büchlein über die Einfachheit, die Einheit und die Reinheit. Ein Buch, das die tiefsten Seelenschichten anspricht und vor dessen Klarheit sich kein Leser verschließen kann.

Arthur M. Miller
Das Büchlein vom reinen Leben
EUR 11,00 (Leinen gebunden)
ISBN 978-3-89539-101-9

Es ist für uns als Verlag eine große Freude, nach dem "Büchlein vom reinen Leben" ein weiteres Werk von Arthur Maximilian Miller veröffentlichen zu dürfen.

Das Buch: **"Büchlein wider der Schwermut"** ist eine meditative Betrachtung über die Schwermut und wie wir sie wandeln können.

Arthur M. Miller
Büchlein wider due Schwermut
EUR 12,80
ISBN: 978-3-89539-493-5

Ein Text das aufmerksame Herzen verdient. Vor dem Falle des Menschen und der Welt war ein heiler Mensch und eine heile Welt, die wir das Paradies nennen. Der Mensch ist von Uranfang an ein Mensch des Paradieses, das heißt, er enthält in sich selber das Paradies und schafft um sich das Paradies. Dies ist ihm alles von Gott gegeben.

Michaels Verlag & Vertrieb GmbH
Ammergauer Str. 80 - 86971 Peiting, Tel.: 08861-59018
Fax: 08861-67091, e-mail: mvv@michaelsverlag.de
Internet: www.michaelsverlag.de

Karina Kaiser
Unterwegs durchs Unbewusste - Die Sprache der inneren Wahrheit Reverse Speech
€ 19,90 ISBN 978-3-89539-169-9

Was wäre wenn andere Menschen unsere Gedanken hören könnten? Mit der außergewöhnlichen Methode von Reverse Speech ™ gibt es erstmals einen Weg, die unserer Sprache verborgenen Botschaften des Unbewussten hörbar zu machen. Mit vielen spannenden Beispielen führt die Autorin den Leser immer tiefer in das Unbewusste. Zum ersten Mal wird Reverse Speech in deutscher Sprache vorgestellt. Spannend, inspirierend, des Öfteren schockierend und dennoch humorvoll geschrieben, ist der Leser wahrhaftig "Unterwegs durchs Unbewusste" auf eine Art und Weise, die ihn in Erstaunen versetzt.

Tepperwein / Aeschbacher
Die Kraft der Intuition - Die geistigen Gesetze
Euro 21.90 ISBN 978-3-89539-204-7

Das Buch kann Ihr Leben verändern!
Geht es doch um die Grundfragen des Lebens und eine faszinierende Möglichkeit, Ihr Leben neu zu gestalten: erfolgreicher, harmonischer, glücklicher und liebevoller.
Könnten Sie sich vorstellen, jahrelang blind durch das Leben geirrt zu sein und plötzlich sehen zu können?
Das Buch lädt Sie ein, die Augen zu öffnen und Ihr Leben im Licht zu führen.

Tepperwein / Aeschbacher
Von der Sprachlosigkeit in Beziehungen
Euro 24.90 ISBN 978-3-89539-202-3

Dieses Buch verwebt auf meisterhafte Art und Weise Tiefenpsychologie mit Gesetzen der praktischen Lebensführung, Rhetorik mit unbewussten geistigen Gesetzmäßigkeiten.
Beziehung ist ein Lernspiel. Das Buch erklärt die Regeln, nach denen das Spiel abläuft.
Hier wird kein Blatt vor den Mund genommen. Zugleich bedient sich die Sprache der Autoren eines gehobenen Niveaus, das nie die Fassung verliert.

Michaels Verlag & Vertrieb GmbH
Ammergauer Str. 80 - 86971 Peiting, Tel.: 08861-59018
Fax: 08861-67091, e-mail: mvv@michaelsverlag.de
Internet: www.michaelsverlag.de

Michaels Weidner
**Das Reiki-Buch
für Kinder**
€ 19,80
ISBN 978-3-86733-003-9

"Das Reiki - Buch für Kinder!" Über Reiki gibt es bereits sehr viele Bücher, die für große Reiki - Menschen geschrieben wurden. Mit dem "Reiki - Buch für Kinder" werden nun viele Fragen der kleinen Reiki - Menschen über die universelle Lebensenergie kindgerecht beantwortet. Dieses Buch ist geschrieben worden, um Reiki-Kindern noch mehr Spaß am Reiki zu vermitteln. Die Kinder haben die Möglichkeit, die kleine Nadine durch ihre Reiki - Welt zu begleiten. Viele Fotos und Texte geben Anregungen, was man mit Reiki so alles machen kann. Durch die Fotos wird das Buch auch zum Bilderbuch. So haben nicht nur große, sondern auch kleine Kinder ihre Freude am Blättern.

Sabine Immesberger
**... und der Himmel geht
über dir auf**
€ 15,00
ISBN 978-3-931721-51-0

Reiki ist der japanische Name für diese Energie und beschreibt eine uralte Methode, diese Energie richtig einzusetzen. Viele Bilder und Fotos unterstützen die Vorstellungskraft der Kinder dabei, schwierige Themen besser zu verstehen. "... und der Himmel geht über dir auf" spricht in erster Linie Kinder an, aber auch Erwachsene, die Reiki kennen lernen und verstehen möchten. Das Buch ist in unterschiedliche Themen unterteilt, so dass es kein Problem ist, jederzeit das Lesen zu unterbrechen.

Michaels Verlag & Vertrieb GmbH
Ammergauer Str. 80 - 86971 Peiting, Tel.: 08861-59018
Fax: 08861-67091, e-mail: mvv@michaelsverlag.de
Internet: www.michaelsverlag.de

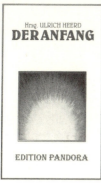

Der Autor erzählt von der „Mitte der Nacht" und beschreibt seine persönliche „Einweihung". Er schildert uns seine Begegnung mit einer Wesenheit, die er „Maria Sophia" nennt, und an ihrer Hand durchschreitet er die Sternensphäre, um am „See ihrer Augen kniend" den Urbeginn der Schöpfung zu sehen.

Das Buch hat nicht den Anspruch, letzte Wahrheiten zu verkünden, „denn der Welt ist nicht Not an Antworten. Der Welt mangelt es an wirklichen Fragen."

Ulrich Heerd
Der Anfang
EUR 9,50 (Paperback)
ISBN 978-3-89539-298-6

Mit jedem Schlag unseres Herzens senden und empfangen wir unterschiedliche Impulse. Sie bilden ein subtiles, feinstoffliches Netz, das uns alle miteinander verbindet. Und wenn wir gelernt haben, auf das eigene Herz zu hören, haben wir eine Chance, in diesem zarten Netz bewußt unseren eigenen Platz zu finden.
Die bekannten Autoren führen mit uns einen persönlichen Dialog über Impulse, die für ein erfülltes Leben wichtig sind.

Neale D. Walsch: Die Möglichkeit der Wahl
Olaf Jacobsen: Bewußtsein in Beziehungen / Resonanz in der Partnerschaft
Rüdiger Dahlke: Medizin für Körper und Seele
Franz Bludorf: Name und Schicksal
Rupert Sheldrake: Kommunikation mit Tieren
Uri Geller: Hast Du Angst vor Deinem eigenen Geist?
Wulfing von Rohr: Jeder ist (s)ein Mittelpunkt
Penny McLean: Von der Kunst des Loslassens
Jo Conrad: Visionen schaffen
Grazyna Fosar: Die Reise zum Gral

IMPULSE
Für ein erfülltes Leben
9,90 €
ISBN 978-3-89539-498-0